"互联网营销师"职业技能等级认定教材

互联网营销师
——直播销售员

湖南省人力资源和社会保障厅职业技能鉴定中心
长沙市雨花区蓝海探索融媒体职业技能培训学校 组织编写

魏勇军 张俊英 蔡宏亮 主 编

电子工业出版社
Publishing House of Electronics Industry
北京·BEIJING

内 容 简 介

本书按项目—任务式结构进行体例编排,遵从实操过程的逻辑与先后顺序,内容涵盖十个项目,分别是:宣传准备,设备、软件和材料准备,风险评估,直播准备,直播预演,直播销售,售后,复盘,团队管理,培训与指导。

本书可以作为互联网营销师的培训教材使用,也可作为相关从业人员的参考用书。

未经许可,不得以任何方式复制或抄袭本书之部分或全部内容。
版权所有,侵权必究。

图书在版编目(CIP)数据

互联网营销师:直播销售员 / 魏勇军,张俊英,蔡宏亮主编. -- 北京:电子工业出版社,2024. 8.
ISBN 978-7-121-48610-4
Ⅰ. F713.365.2
中国国家版本馆CIP数据核字第2024NA2337号

责任编辑:陈 虹
印 刷:北京天宇星印刷厂
装 订:北京天宇星印刷厂
出版发行:电子工业出版社
 北京市海淀区万寿路173信箱 邮编 100036
开 本:787×1 092 1/16 印张:11 字数:281.6千字
版 次:2024年8月第1版
印 次:2024年8月第1次印刷
定 价:45.00元

凡所购买电子工业出版社图书有缺损问题,请向购买书店调换。若书店售缺,请与本社发行部联系,联系及邮购电话:(010)88254888,88258888。
质量投诉请发邮件至zlts@phei.com.cn,盗版侵权举报请发邮件至dbqq@phei.com.cn。
本书咨询联系方式:chitty@phei.com.cn。

"互联网营销师"职业技能等级认定教材编委会

主　任：王　俊
副主任：王祥君　欧　雁　王　焱
委　员：钟　涛　刘晓玲　孙悦轩　田　莉　徐　凝
　　　　欧　陟　叶　飞　刘　赞　张志初　易光明
　　　　刘劲松　何发良　胡登峰　张新亮　黄虹辉
　　　　曾　鸣　李　博　梁　桦　梁　华　刘海艳
　　　　刘　娜　孟迪云　申益瑜　张俊英　唐红涛
　　　　杨　洁　李　聃　罗晓康　贺长明　喻琦凯
　　　　张　静　何钱英　李　卫　贺　鑫　刘　杰
　　　　王春丽　向林峰　颜振辉　朱艳春　胡　令
　　　　张晓娜　张建英

序

近年来，随着平台经济、数字经济、人工智能的发展，网络营销师、网约配送员、工业机器人系统操作员、无人机驾驶员等一批新职业应运而生，深刻改变了职业内涵和从业方式。新业态新职业的发展，一方面有巨大的岗位创造能力，在拉动就业方面发挥着积极作用。同时，新就业形态还有助于提高就业质量。另一方面，新业态新职业也面临着巨大的人才缺口，需要大力开展新业态新职业职业技能培训，进一步释放"培训红利"，强化"培训赋能"，创造相关领域技能人才培养的"加速度"。

为适应新技术、新产业、新业态发展需求，改善新职业人才供给质量结构，近年来，各地人力资源社会保障部门专门制定出台政策文件，大力开展新业态新职业职业技能培训，推动职业技能提升行动高质量发展。针对当前新职业新业态培训存在的培训供给不足、缺乏培训和评价标准等问题，大胆创新举措，主动创造条件，积极探索具有特色的路径和方案，推动新业态新职业培训方向更明、路径更宽、动能更强、基础更实、质量更好。

在这种背景下，为深入贯彻落实《关于加强新时代高技能人才队伍建设的意见》文件精神，大力实施"三高四新"重要战略，培育一批具有工匠精神的高技能人才，全面提升从业人员素质，进一步推动高技能人才队伍建设，助推企业数字化转型升级，湖南省人力资源和社会保障厅职业技能鉴定中心委托相关机构组织编写了"互联网营销师"职业技能等级认定教材。希望通过一批新职业培训教材的出版，带动新职业培训体系的不断健全与完善。教材从组织立项到编写，始终秉承以下原则。

——立德树人、德技并修。大力弘扬和培育劳模精神、劳动精神、工匠精神，坚持工学结合、知行合一、德技并修，聚焦劳动者技能素质提升，注重培养劳动者的职业道德和技能素养。

——就业导向、讲求实效。牢固树立职业技能培训为就业服务的理念，不断提升培训内容质量，只讲干货，为劳动者储备就业技能，促进就业创业，提高工作能力。

——共建共享、协同发力。加强对职业技能培训资源的统筹利用，发挥科研机构、公共实训基地和职业院校等功能作用，鼓励支持龙头企业、社会资源依法参与职业技能培训，推动共建共享，形成工作合力。

——市场引导、政府支持。构建以企业为主体、职业院校为基础、政府推动与社会支持相结合的职业技能培训体系，引导劳动者根据社会需要和个人需求积极参与职业技能培训。

未来几年依然是新兴行业快速崛起与成长期，职业技能培训市场也将呈现良好的发展势头。职业技能培训作为职业教育的重要板块，市场规模由 2017 年的 3092 亿元，增至 2022 年的 4191 亿元，年复合增长率为 6.27%，未来将持续快速增长，预计于 2026 年达到 5384 亿元，年复合增长率为 6.4%。

我们应该意识到职业教育培训行业的重要性和潜力，并积极推进其发展。只有加强对职业教育培训行业的监管、促进其规范化发展，才能更好地完善人才培养体系，为中国经济转型升级提供具有竞争力的人才支持。相信在各方共同努力下，职业教育培训行业一定会为社会经济发展注入新的动力，成为推动中国经济持续、健康、稳定、高质量发展的重要力量。

前　言

随着互联网经济的快速发展，人们的生产生活方式也发生了巨大的改变，电子商务成为主流的消费方式，网络营销成为促进电子商务销售的主要手段。网络营销能够极大限度突破时空的约束，拓展消费需求，创新消费场景，提升消费体验，有效缓解企业产品的滞销困局。

《人力资源和社会保障部关于健全完善新时代技能人才职业技能等级制度的意见（试行）》重构了新的职业技能等级体系。新的职业技能等级体系是适应高质量发展需要，促进职业技能等级认定结果与岗位使用有效衔接的重要抓手。在新制度下，技能等级是独立衡量工人技术能力的标尺，能客观反映技能人才的技能等级水平和职务岗位要求，并与薪酬激励、福利待遇、职业发展等相联系。2020年7月，国家正式确定互联网营销师成为新职业并公布了相应的《国家职业技能标准》。互联网营销师具体分为直播销售员、选品员、视频创推员、平台管理员4个工种。互联网营销师作为对社会具有一定影响力的新生代公众群体，如主播或网红，他们的言行举止及价值观都将影响粉丝和大众。因此，完善行业规范、建立健全行业诚信体系、维护好消费者利益显得极为重要；规范新业态的经营行为，如带货直播、短视频销售、主播持证上岗，已成必然趋势。

为适应互联网营销师职业技能培训的需要，湖南省人力资源和社会保障厅职业技能鉴定中心委托长沙市雨花区蓝海探索融媒体职业技能培训学校，组织湖南省内电子商务领域知名专家、学者编写了本套职业技能培训教材。本书具体编写分工如下：湖南化工职业技术学院魏勇军编写项目一，长沙新生代职业技能培训学校张纯编写项目二，长沙幼儿师范高等专科学校刘杰编写项目三，湖南财政经济学院李博编写项目四，湖南外贸职业学院贺鑫编写项目五，湖南湘云实创科技有限公司陆松编写项目六，郴州技师学院何钱英编写项目七，湖南工商大学张俊英编写项目八，蓝海探索融媒体职业技能培训学校马俊编写项目九，湖南省人力资源与社会保障厅蔡宏亮编写项目十。

本套教材以互联网营销师职业《国家职业技能标准》五级/初级工、四级/中级工、三级/高级工、二级/技师、一级/高级技师五类职业技能要求为基础，融入近年新业态出现的相关新知识、新技术、新技能等内容编写。本书体例按项目—任务式结构进行编排，遵从实操过程的逻辑与先后顺序而成。

互联网营销是一个快速发展并不断创新的职业，相关行业标准与职业技能标准也在不断完善的过程中，受到行业快速迭代与编者学识能力的影响，书中难免存在疏漏与不足，恳请各位专家、读者批评指正。

目 录

项目一　宣传准备 ………………………………………………………………………… 1
　　（一级）任务一　网络搜索工具使用方法 ………………………………………… 1
　　（一级）任务二　产品图文信息发布技巧 ………………………………………… 5
　　（二级）任务三　产品宣传素材及计划制订 ……………………………………… 12
　　（三级）任务四　第三方资源库的建立方法 ……………………………………… 17
　　（三级）任务五　投入产出比的测算方法 ………………………………………… 19
　　习题 …………………………………………………………………………………… 21

项目二　设备、软件和材料准备 ………………………………………………………… 23
　　（一级）任务一　硬件的安装调试方法 …………………………………………… 23
　　（一级）任务二　软件的下载安装方法 …………………………………………… 29
　　（一级）任务三　道具、场景的选择方法 ………………………………………… 39
　　（二级）任务四　样品（道具）的搭配方法 ……………………………………… 43
　　（二级）任务五　设备采购要求 …………………………………………………… 43
　　（二级）任务六　直播销售员形象方案的制定方法 ……………………………… 45
　　（三级）任务七　直播选品的原则和标准 ………………………………………… 48
　　（三级）任务八　选择产品的技巧 ………………………………………………… 50
　　习题 …………………………………………………………………………………… 52

项目三　风险评估 ………………………………………………………………………… 54
　　（一级）任务一　断网、断电等故障的解决方法 ………………………………… 54
　　（一级）任务二　营销过程中法律、法规的风险判断方法 ……………………… 57
　　（二级）任务三　团队协作风险的预判方法 ……………………………………… 62
　　（二级）任务四　风险应对计划的制订方法 ……………………………………… 63
　　（三级）任务五　直播留人的策略 ………………………………………………… 65
　　（三级）任务六　直播风险应对 …………………………………………………… 66
　　习题 …………………………………………………………………………………… 68

项目四　直播准备 ………………………………………………………………………… 69
　　（一级）任务一　直播流程操作步骤 ……………………………………………… 69
　　（四级）任务二　直播间搭建技巧 ………………………………………………… 74
　　（四级）任务三　媒介传播的方法 ………………………………………………… 80
　　（四级）任务四　营销效果的评估方法 …………………………………………… 81

（四级）任务五　个人品牌塑造方法 ··· 83
　（四级）任务六　销售目标编制方法 ··· 86
　（五级）任务七　用户管理的方法 ·· 87
　（五级）任务八　提升购买率的方法 ··· 89
　习题 ··· 90

项目五　直播预演 ·· 92
　（一级）任务一　直播脚本的编写方法 ·· 92
　（一级）任务二　直播彩排方案的制定方法 ······································ 95
　（二级）任务三　团队协作的直播脚本编写要求 ······························ 96
　（二级）任务四　营销流程的测试方法 ·· 97
　（三级）任务五　直播营销方案策划 ··· 100
　（三级）任务六　直播营销方案的调整方法 ··································· 101
　（四级）任务七　直播营销的模式 ··· 104
　习题 ··· 107

项目六　直播销售 ··· 109
　（一级）任务一　产品特性及卖点的介绍技巧 ······························· 109
　（一级）任务二　销售产品的展示方法 ··· 112
　（一级）任务三　引导用户下单的技巧 ··· 115
　（二级）任务四　营销话术的表达技巧 ··· 117
　（三级）任务五　个人情绪管控技巧 ··· 118
　（三级）任务六　直播间气氛调动技巧 ··· 119
　（三级）任务七　直播策略的调整原则 ··· 120
　习题 ··· 121

项目七　售后 ··· 123
　（一级）任务一　发货进度查询方法 ··· 123
　（一级）任务二　投诉问题的处理方法 ··· 125
　（二级）任务三　售后标准工作流程的主要内容 ··························· 126
　（三级）任务四　智能交互系统的使用方法 ··································· 127
　习题 ··· 128

项目八　复盘 ··· 129
　（一级）任务一　直播复盘 ··· 129
　（一级）任务二　数据采集方法 ·· 131
　（一级）任务三　电商罗盘的使用方法 ··· 135
　（二级）任务四　数据复核方法 ·· 138
　（二级）任务五　营销方案的优化方法 ··· 140
　（三级）任务六　数据维度和分析标准的制定方法 ······················· 140

（三级）任务七　数据采集操作流程的制定方法………………………………144
　　习题……………………………………………………………………………………145

项目九　团队管理………………………………………………………………………147

　　（五级）任务一　团队架构的搭建方法………………………………………147
　　（五级）任务二　团队分工的调整方法………………………………………150
　　（四级）任务三　团队考核标准的制定方法…………………………………151
　　（四级）任务四　团队协作沟通技巧…………………………………………152
　　（四级）任务五　团队评价体系的建立方法…………………………………153
　　（五级）任务六　团队文化的建设方法………………………………………154
　　习题……………………………………………………………………………………155

项目十　培训与指导……………………………………………………………………156

　　（四级）任务一　培训计划的编写方法………………………………………156
　　（四级）任务二　培训讲义的编写方法………………………………………158
　　（四级）任务三　培训教学工作的要求与技巧………………………………158
　　（五级）任务四　培训效果评估方法…………………………………………159
　　（五级）任务五　专业技能指导方法…………………………………………162
　　习题……………………………………………………………………………………163

| 项目一 |

宣传准备

【项目导读】

如果你经营的是实体店,流量就是来到你店里的人;如果你是做直播电商的,流量就是能够看到你发布内容的人。如果你经营的是传统企业,流量就是你的业务员每天拜访的客户量,以及每天能够看到你朋友圈的人。在互联网急速发展的今天,优质内容创作成了新媒体或直播销售员吸引流量最根本的手段,只有为用户提供优质且有创意的内容,才能打造爆款直播间,吸引更多的流量,形成自己的品牌或 IP。

本项目将从网络营销前的宣传准备入手,介绍网络搜索工具使用方法、产品图文信息发布技巧、产品宣传素材及计划制订,以及第三方资源库的建立方法和投入产出比的测算方法。

【项目目标】

1. 能搜集产品图文素材
2. 能使用网络搜索工具核实、整理产品素材信息
3. 能发布产品图文信息预告
4. 能制作产品专属宣传素材
5. 能执行跨平台宣传计划
6. 能建立第三方宣传供应商资源库
7. 能计算预热投入产出比
8. 能协调引流资源并扩大宣传渠道

(一级)任务一 网络搜索工具使用方法

一、搜索引擎简介

搜索引擎是指主要运用一定的策略与特定的计算机程序,在浩瀚的互联网中搜集各类信息,并对这些信息进行组织和处理,为用户提供更加快速的检索服务。国内常见的搜索引擎包括:百度、搜狗搜索、搜搜、360 搜索、有道搜索、必应搜索、阿里云搜索、爱问搜索等。

二、搜索引擎使用技巧

（一）简单搜索

打开相关搜索引擎，在工具栏中输入关键词后点击"搜索"按钮即可，系统会很快显示查询结果，这是最简单的查询方法，使用方便，但是查询的结果不精准，可能包含许多无用的信息。简单搜索界面如图1-1所示。

图1-1　简单搜索界面

（二）高级搜索

在高级搜索中，虽然不同搜索引擎提供的查询方法不完全相同，但一些通用的查询方法，各搜索引擎基本都支持。

1. 精准匹配——关键词加双引号

在不加双引号搜索的结果中，关键词可能被拆分，如当我们搜索"湖南大学"时，搜索引擎很有可能把"湖南"和"大学"拆分开，然后分别进行搜索，得到一些我们不需要的信息。这时候我们可以把关键词放入双引号内，就代表完全匹配搜索，也就是所显示的搜索结果一定包含完整的关键词，不会出现近义词和拆分的情况。如图1-2所示。

图1-2　关键词加双引号搜索示例

2. site——搜索指定网站下的关键信息

例如,我们只想在某个特定网站上搜索"帽子"这个信息,可以使用这个语法格式,即"site:网站地址 帽子"进行搜索,这样搜出来的信息都是指定网站上的内容,如图1-3所示。

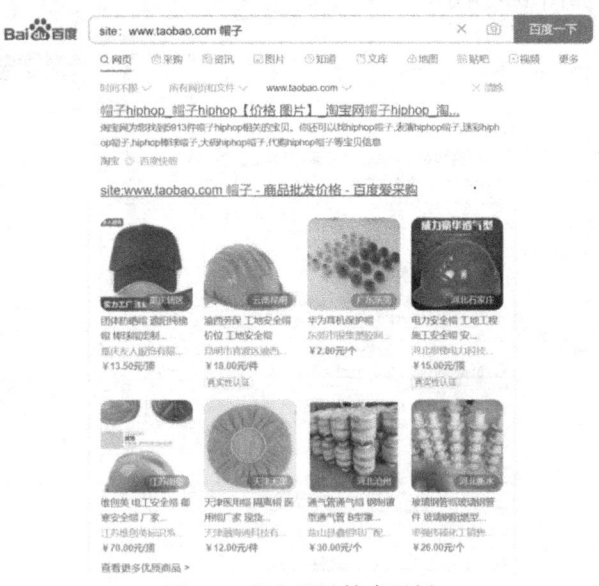

图1-3 指定网站搜索示例

3. intitle——在标题里面限定条件进行精准搜索

如果我们想让搜索结果的标题中包含我们输入的关键词,可以用"intitle:"进行限定,"intitle"常用来搜索同行关键词的查询页面。例如,我们希望搜索引擎返回的结果在标题里面包含"plc控制柜"这个关键词,输入语法格式为"intitle:plc控制柜",如图1-4所示。

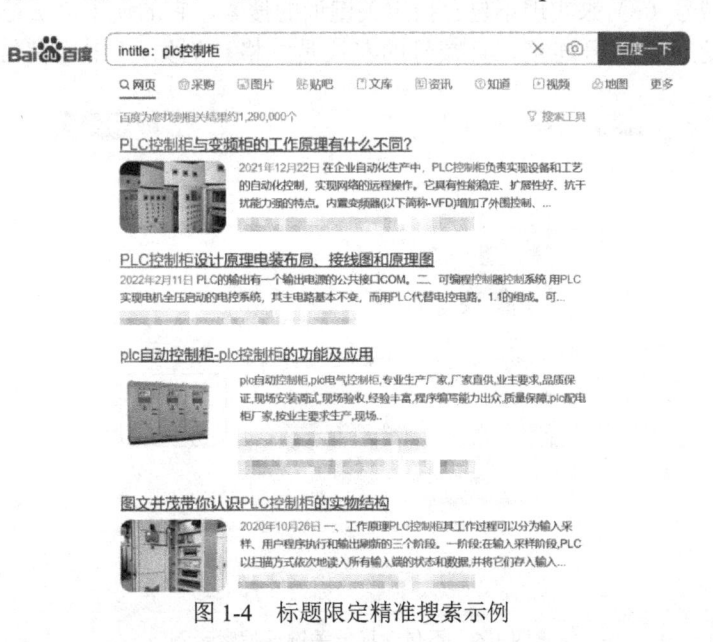

图1-4 标题限定精准搜索示例

4. filetype——查询指定的文件格式

如果我们想在百度上搜索某个课程的文档，但是搜索出来的信息总不是自己想要的，可以试一下语法格式"关键词 filetype：doc"，支持的文件格式可以是 pdf/txt/doc 等。例如，互联网 filetype：doc，如图1-5所示。

图1-5　查询指定文件格式示例

5. 减号——不包含指定关键词的搜索

通过一个减号（-）来实现不包含指定关键词的搜索，它的使用语法是前一个关键词与后一个关键词之间用减号连接，且减号的左边是空格。例如，"射雕英雄传 -小说"，如图1-6所示。

图1-6　不包含指定关键词搜索示例

6. 加号——包含指定关键词的搜索

通过一个加号（+）来实现包含指定关键词的搜索，它的使用语法是前一个关键词与后一个关键词之间用加号连接，且加号的左边是空格。例如，"直播 +湖南 +2020"，如图 1-7 所示。

图 1-7　包含指定关键词搜索示例

（一级）任务二　产品图文信息发布技巧

一、产品的分类与展示

设置好产品分类可以使买家迅速地找到自己想要购买的商品。同时，产品分类也能起到很好的推荐作用，如果一个店铺在产品详情页展示了产品分类，那么买家很可能会对其他类目感兴趣，从而促成其他购买。产品分类展示如图 1-8 所示。

产品分类可以是文字形式或图片形式，通常图片比文字有更直观更醒目的特殊效果，因此卖家倾向于设置精美的图片分类，用图文结合的方式让店铺货品分类井井有条，为店铺增色。

产品分类可按以下方式进行。

① 新款放在最上面，以便有新款到货后，让买家在第一时间知道。
② 设置特价产品吸引人气，特价产品的销售有时候也会带动其他产品的销售量上升。
③ 按产品的品牌分类，有品牌的衣服会比没有品牌的衣服更好销售。
④ 按产品的功能或用途分类，如上装、下装、配饰等。
⑤ 在店铺首页的宝贝推荐上，可以手动设置一些推荐宝贝的自定义模块。

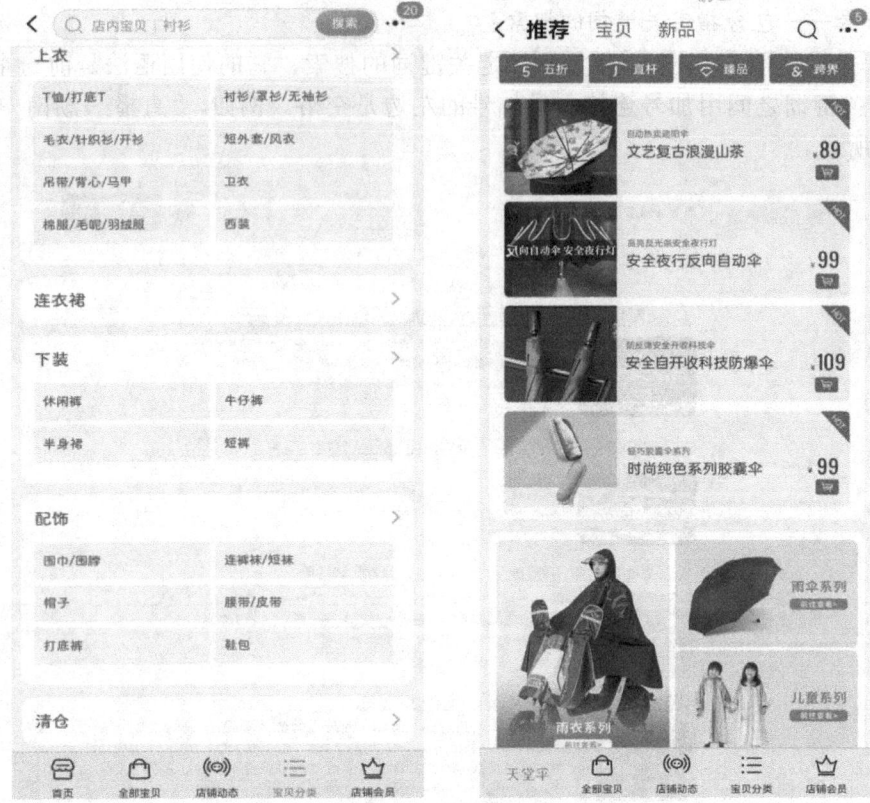

图 1-8　产品分类展示

二、产品的详情描述

（一）产品描述的格式

产品描述的正规格式分为 3 个部分：标题、正文和署名。

1. **标题**

（1）产品标题中包含核心关键词

设定核心关键词时可以根据产品或者产品对应的主营类目，以及产品属性，如颜色、款式、材质等进行扩展，根据产品或者主营类目命名查询关键词的外部搜索需求，外部搜索需求为 0 的关键词不适合用作核心关键词；核心关键词在标题中出现 1 次，不超过 2 次；核心关键词必须出现在标题的前 5 个词中。

（2）产品标题中包含描述性关键词

可以使用突出表现产品的描述性关键词，如产品属性或者品牌。例如，手机用品牌、内存信息或者型号等描述性关键词；配件用适用手机或电子产品种类描述性关键词；服装用性别、款式、材质等描述性关键词；灯具行业用适用场景、灯的款式、功能等描述性关键词。

（3）产品标题的通用规范

品牌名+产品功能属性+核心关键词+修饰词+型号属性+适用范围+颜色，注意产品标题单词个数一般为 16～23 个，字符长度限制在 140 个字符内。

(4)其他信息

一般产品不用特别注明进货渠道,如果是厂家直供或从国外直接购进的,可在产品名中加以注明,以突出网店产品的独特性。在互联网上,买卖双方不能面对面地交易,导致信誉度较低,这一问题一直是阻碍更多人选择网上购物的重要因素之一。因此,如果卖家能提供有保障的售后服务,那么将会让买家减少顾虑。例如,买家若对购买的产品不满意,则 7 天内可无条件退换货;小家电全国联保等,均可在产品标题中简单、明确地注明。某些产品经过一段时间的销售累积,有了上百笔甚至上千笔成交记录,这会令买家在有购买意向时极大地降低对此产品的后顾之忧。卖家由此可以在产品标题中注明"已热销 xxx 件"等文字。为了使产品具有统一性,卖家还可在网店中所有产品前都加上网店的名称。

(5)产品标题禁止的事项

第一,禁止关键词堆砌,包括核心关键词和描述性关键词。第二,禁止重复产品标题,不要直接复制其他卖家的产品标题用作自己的产品标题;推广会降权重复产品标题的产品,不利于产品站内外的排名。第三,禁止出现搜索需求可能较大,但与本产品无关的描述性关键词,如果产品是男鞋,就不要为了覆盖更多关键词而加上女鞋、童鞋;如果是红色裙子,就不要加上黑色裙子,如果手机是小米手机,就不要加上 iPhone。名称出现无关关键词不会带来流量,只会导致搜索引擎惩罚及用户的流失。第四,禁止使用无意义的特殊符号,如"~""!""@""#""$""^""&""*";第五,非品牌产品禁止出现品牌名称。

如图 1-9 所示,该产品标题核心关键词出现 1 次,且核心关键词 phone case 出现在前 5 个词中,产品标题包含合适的描述词("特点:transparent"和"适用产品型号:for iPhone"),符合优质产品标题的要求。相反,如图 1-10 所示,产品标题出现关键词堆砌,卖家在产品标题信息发布中应尽量避免出现该问题。

图 1-9 优质产品标题样例

图 1-10 产品标题反面样例

2. 正文

正文是产品描述的主体部分，最好分成条来编写，让人一目了然。每一条最好只表达一则信息，要表达第二则信息时另起一行。如果自己会制作描述模板，也可以用图片把正文分段。一段写产品的基本性能，一段写商品的使用方法，注意事项也可以再起一段，每一段描述信息最好也分成条来写。总之，有5部分内容可以包含在产品描述部分：①用项目符号进行分段；②包含信息，保证读者停留在页面上；③确保信息真实性；④产品描述部分要针对所有受众；⑤包含退货信息。图1-11为产品描述部分示例。

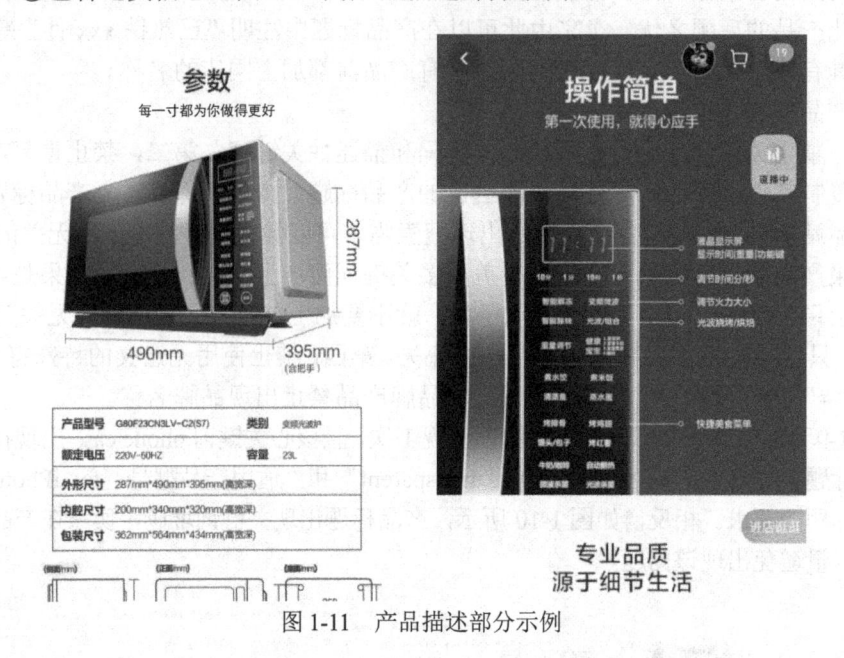

图1-11 产品描述部分示例

一般来说，产品描述部分应该考虑到"谁、什么、哪里、什么时候、为什么、如何"等问题，产品描述部分的字符数一般限制为2000个字符。

（1）产品针对的人群

目标受众可以按照性别、年龄、生活方式或其他分类进行划分。

（2）产品的基本信息

基本信息要包含产品的一些属性，如尺寸、材质、产品特征和功能。

（3）用户使用产品的场合

产品是室外用还是室内用的，是为人设计的还是为动物设计的或者是为其他物品设计的。

（4）用户使用产品的时间

用户使用产品是否有时间限制，产品是每天使用的，还是季节性使用的，还是每年偶尔使用的。这涉及产品的长期价值。

（5）产品为什么有价值，或者为什么比竞争对手的产品要好

可以写关于质量、价值、特点、优势等方面的内容，另外还可以考虑使用一些图片进行说明。

（6）产品起作用的方式

这一点不是必须要写的，如果卖家出售的是电子类产品或者可以移动的产品，这一点就

必须写上。

3. 署名

署名是一篇完整的产品描述应该包括的，店主在写完自己的产品描述信息后一定要把自己的店铺名署上。

（二）产品描述的方式

1. 利用用户作商品描述

网店客服部门在接待用户、处理订单信息的过程中会获取到大量的用户需求信息，如某个产品或者某个系列的产品，如果将这些信息进行进一步加工和处理，可以指导编辑人员对产品描述进行修改，使用户关心的问题都在产品描述上简明清晰地展示出来。

2. 利用竞争对手作产品描述

重视同行中做得好的网店，看看他们的产品描述是怎么写的，只要能持续性地关注竞争对手的信息，在产品描述上进行有针对性的设置，就能帮助用户解决问题。需要注意的是，在利用竞争对手作产品描述时有两个思路：①找到竞争对手的空白点；②在竞争对手的劣势上凸显自己的优势。

3. 利用采购人员作产品描述

采购人员可能是公司中第一个最全面了解产品的人员，他们的采购决策通常是获取了三方面的信息并进行了分析后才决定的：一方面是市场的信息，另一方面是供应商的信息，第三方面是本公司的信息。采购人员的分析数据可以指导编辑人员进行产品描述。

（三）产品描述的诀窍

1. 向供货商索要详细的产品信息

商品图片不能反映的信息包括材料、产地、售后服务、生产厂家、产品的性能等，针对相对于同类产品有优势和特色的信息一定要详细地描述出来，这是产品的卖点。买家在阅读产品介绍时，也会抓一些细节来看，而关于大体的介绍往往是略过的。例如，一家店铺出售红枣，没人会在意描述中的枣子是红色的，而是在意它有多大、是什么品种，和普通红枣比有什么特点、是否比普通红枣甜，等等。图 1-12 为"和田枣"特色信息描述示例。

2. 产品描述的直观性

产品描述应该使用文字+图片+表格三种形式的结合，如图 1-13 所示。能够全面概括产品的内容、相关属性，最好能够介绍一些使用方法和注意事项，这样买家看起来会更加直观，从而增加了购买的可能性。

3. 做一个精美的描述模板

在产品详情描述里只有产品资料和图片会显得很单调。而如果把这些资料放在精美的描述模板中，对买家来说不仅利于观看，还可以获得美的享受。描述模板可以自己设计，也可以在淘宝上购买，还可以到社区里去搜索一些免费的宝贝描述模板。与优秀图片搭配的照片比文字更形象更动人，且更有说服力。在产品描述中也可以推荐本店热销商品、特价商品等，让买家更多地接触店铺的其他产品，以增加产品的宣传力度。图 1-14 为产品描述模板示例。

图 1-12 "和田枣"特色信息描述示例

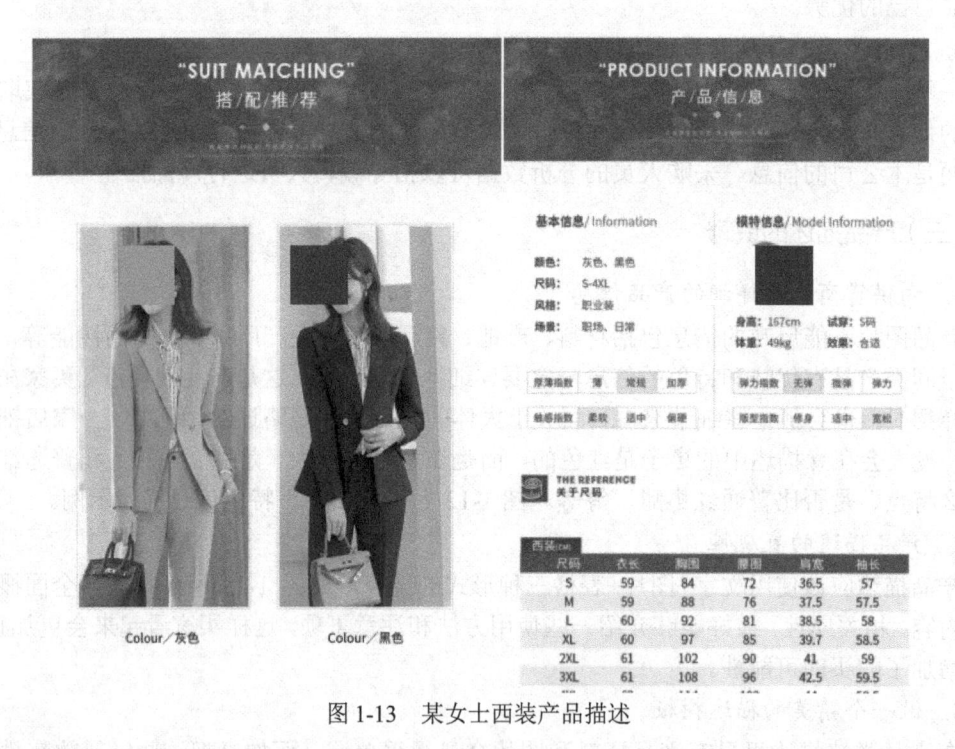

图 1-13 某女士西装产品描述

4. 重视关联销售

很多买家点开产品页面发现不合适自己后，会直接关掉网页。如何吸引他们进店或看店铺里的其他产品呢？方法是在每个产品详情中加入别的产品的图片和链接，或者加入店铺的促销信息，这样即使买家对这个产品没兴趣，还是有可能继续看别的产品的。因此，在产品描述中加入相关的产品推荐也很重要。关联产品可以放在产品描述前面，也可以放在后面，还可以前后都放。图 1-15 为关联销售示例。

图 1-14　产品描述模板

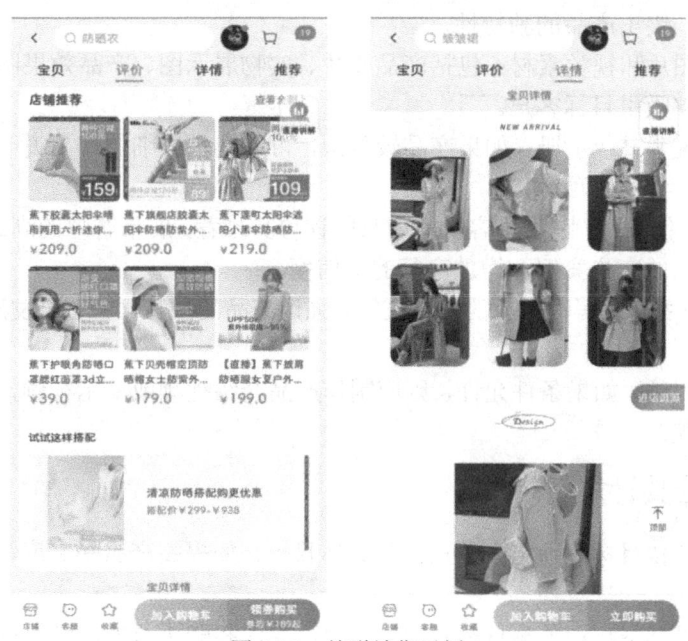

图 1-15　关联销售示例

此外，产品描述文案可以随季节及销售量修改。在产品销售之前、产品全新上市时、产品热销时、产品销量衰退时、产品清仓时的文案要具有差异性，以此营造更好的店铺销售氛围，不断优化产品销售结果，即帮助消费者找出为何要在此时购买的理由。

> **小贴士**
>
> 通过社交媒体发布商业信息时，要考虑如下准则。
>
> ① 信息保密性。私密性、商业性的信息，要经过筛选或者批准后才可发布，避免因信息泄露造成损失。
>
> ② 非授权披露。只分享经过授权的信息。

③ 行为及操守。发布信息时，要三思而后行，经过多方考量和商议后确定无误的信息才可发布。
④ 公开及透明。发布的渠道要公开透明，能够准确反映本人立场。
⑤ 合法及公正。使用假冒的名字在很多情况下是非法的，并且可能对组织的信誉造成负面影响。

（二级）任务三　产品宣传素材及计划制订

产品宣传素材和计划的制订是推广产品、吸引潜在客户、增加产品曝光度的重要步骤。

一、产品宣传素材编写

第一，产品简介：提供产品的基本信息，包括产品名称、品牌、特点、功能、优势等。简介应简明扼要，突出产品的独特性。

第二，产品图片和视觉素材：包括产品照片、实物展示图、产品效果图等，确保图片清晰、高质量，能够吸引目标客户。

第三，产品说明书或手册：如果产品较复杂，可以提供详细的产品说明书或手册，介绍产品的使用方法、注意事项等。

第四，客户评价和案例：收集客户对产品的评价和推荐，展示客户的满意度和真实反馈。同时提供一些成功的客户案例，增加产品的可信度。

第五，宣传文案：编写吸引人的宣传文案，强调产品的独特卖点，引发潜在客户的兴趣，激发购买欲望。

第六，产品视频：如果条件允许，则应制作产品介绍视频或演示视频，以动态方式展示产品的特点和功能。

二、产品宣传计划制订

第一，明确宣传目标：确定产品宣传的具体目标，如提高产品知名度、增加销售量、吸引新客户等。

第二，分析目标客户：了解目标客户的特点、需求和购买习惯，以便更有针对性地进行宣传推广。

第三，选择宣传渠道：根据目标客户群体的特点选择适合的宣传渠道，如社交媒体、电视广告、杂志广告、展会等。

第四，制订时间表：在宣传计划中确定宣传活动的时间表，明确宣传活动的时间节点和持续时间。

第五，分配预算：根据宣传目标和计划，合理分配宣传预算，确保宣传活动的有效执行。

第六，设计宣传内容：根据宣传目标和目标客户设计宣传内容和创意，确保内容吸引人、有趣味性，能够引起客户共鸣。

第七，整合资源：确定宣传所需的资源，如图片、视频、文字等，确保准备充分。

第八，宣传活动安排：确定宣传活动的安排和具体执行方式，如发布时间、地点、参与人员等。

第九，跟进和评估：在宣传活动进行期间，跟进宣传效果，收集反馈信息，及时调整宣传策略，优化宣传效果。

第十，宣传结果评估：在宣传活动结束后，对宣传效果进行评估，比较实际效果与预期目标的差距，总结经验教训。

以上内容是宣传素材和计划制订的基本框架，可以根据自己的产品特点和宣传需求进行灵活调整。宣传计划的成功执行和效果评估对于产品的推广和市场影响都至关重要。希望这些指导能帮助您顺利进行产品宣传和推广。

三、直播宣传计划拟定

一场完整的直播活动，包括直播前的策划与筹备、直播活动的开展，以及直播结束后的发酵。因此，当直播销售员与观众告别后，直播相关的工作并未结束。直播团队需要在直播网站以外的微博、微信、论坛等平台继续宣传，将直播效果放大。

直播结束后，可以对直播进行图片、文字、视频等多维度宣传。无目的地宣传会导致宣传不聚焦，因此在进行宣传工作前，需要先按照宣传步骤，制订宣传计划，以保证宣传的有效性和目的性，如图 1-16 所示。

直播活动的宣传计划包括确定目标、选择形式、组合媒体三个部分。

图 1-16 直播宣传步骤

目标的确定是直播后续宣传的基础，否则就算制作出精美的视频或引人发笑的表情包，也不会达到预期的目的。直播宣传的目标通常包括提升产品销量、加强产品知名度、提升产品美誉度、促进品牌忠诚度等。直播宣传的目标不是独立的，而是与企业整体的市场营销目标相匹配的。

确定目标后，接下来需要选择宣传形式，即以何种形式出现在网友面前。目前常见的宣传形式包括视频、软文、表情包三种形式。这三种形式可以独立推广，也可以组合后以"视频+表情包""软文+表情包"等形式进行网络推广。

敲定宣传形式后，需要对媒体平台进行组合。不同的宣传形式所需求的媒体平台各不相同，如表 1-1 所示。

表 1-1 不同宣传形式下的媒体组合

宣传形式	媒体平台组合	媒体示例
视频	自媒体+视频平台	官方微博、微信公众号、抖音、快手等
软文	自媒体+论坛	虎嗅网、知乎、豆瓣、小红书等
表情包	自媒体+社群	官方微博、微信公众号、微信群、豆瓣群等

完成以上"确定目标""选择形式""组合媒体"的思路整理后，企业新媒体团队需要将直播后期宣传工作细化，并设计表单整体推进。思路整理与细节推进都策划完成后，直播销售的宣传计划就可以执行了。

四、产品专属宣传素材制定方法

（一）短视频宣传方式

在线直播只能在规定时间内参与，未及时参与的网友无法在直播后了解直播的内容与理念。因此在直播结束后，直播团队需要整理直播内容，并推送到其他平台。

目前人们的浏览需求已经由"无图无真相"过渡到"无视频无真相"，通过视频的形式把直播活动推广出去，是直播发酵与传播的最佳方式之一。

视频推广包括思路确定、视频制作、视频上传、视频推广四个步骤。

1. 思路确定

直播结束后的视频传播有全程录播、浓缩摘要、片段截取三种思路。企业新媒体团队需要在视频传播前敲定视频编辑思路，以便进行相应的实施与推广。

当进行时间较短（30 分钟以内）且全程安排紧凑的直播时，可以采用全程录播的视频制作思路，将直播的全程录像作为视频主体，除此之外利用片头与片尾对直播名称、参与人员等进行简要文字介绍即可。

当进行时间超过 30 分钟且存在大量等候内容，如体育比赛暂停时间、晚会候场等待时间等的直播时，可以采用浓缩摘要的思路，录制旁白作为直播摘要或解读，与电视新闻相似。

2. 视频制作

手机视频可以用 VUE、美拍大师、快手、抖音等软件直接编辑；PC 端的直播视频可以利用格式工厂、爱剪辑、会声会影等软件实现剪辑、格式转换等功能。

具体使用方法可以在软件官网查看，或使用百度搜索引擎搜索"某某软件使用方法"进行学习与操作。

3. 视频上传

视频制作完成后，可以上传至视频网站，便于网友浏览。目前可供上传的视频网站包括优酷、爱奇艺、抖音、快手、小红书、百度百家号、哔哩哔哩等。

在视频上传前，需要阅读网站的上传注意事项，特别是网站对于视频大小、视频格式、视频清晰度、视频二维码等内容的限制，防止因违反网站规定而无法上传或审核不通过。

4. 视频推广

为了使网络直播活动效果持续发酵，需要进行视频推广，以便更多网友点击查看视频。网友浏览互联网视频，主要通过视频网站推荐、主动搜索、自媒体平台推送三种途径。直播活动的视频推广，也是围绕这三种途径去开展的。

（1）时评网站推荐

视频网站首页、内页通常有推荐栏目，为了提升视频浏览量，运营负责人需要与视频网站充分沟通，了解推荐规则，按照推荐规则优化视频并提交视频推荐申请。

（2）提升主动搜索流量

网友通常会在搜索引擎网站（百度、360 搜索等）或视频网站（哔哩哔哩、快手、抖音等）搜索相关关键词，获取希望看到的内容，如图 1-17，图 1-18 所示。显然，排名靠前的视频会获得更多的点击量。

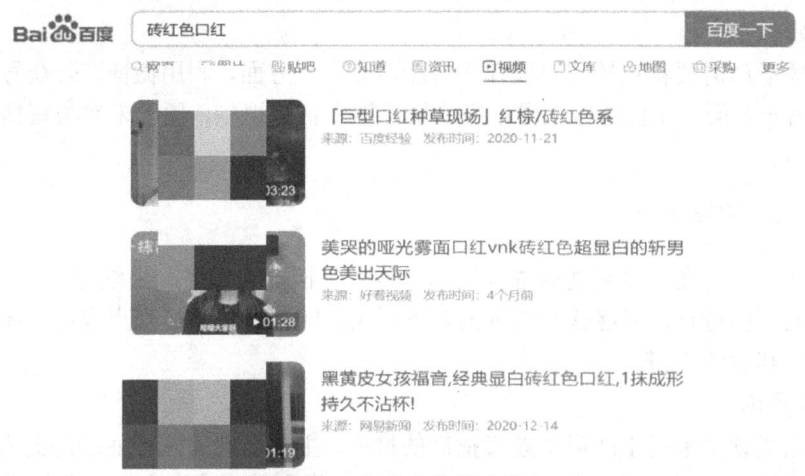

图 1-17　搜索引擎网站搜索

图 1-18　视频网站搜索

为了让网友搜索相关关键词时能够发现企业的直播视频，直播团队需要对视频文字进行优化，将相关关键词植入视频标题、视频描述等文字内容中。

如某电商平台上的直播视频上传后，原标题为"XX 平台直播视频"，优化时可增加"购物推荐""买买买"等网友常搜索的相关关键词，标题改为"XX 平台直播视频最新购物推荐、主播带你买买买"。

（3）自媒体平台推广

企业直播活动需要将直播与自媒体平台相结合，一方面，利用微博、公众号等平台进行直播宣传；另一方面，在直播后利用自媒体平台推广直播视频，便于未参与直播的平台粉丝了解直播内容。

（二）直播软文宣传

直播团队通常会在重要活动后进行媒体宣传，包括电视报道、报纸宣传、网络新闻等。按覆盖人群的不同特点，直播软文可分为以下五类，即行业资讯、观点提炼、直播销售员经历、观众体验和运营心得。

1. 行业资讯

行业资讯类软文常见于严肃主题直播后的推广，主要面向关注行业动态的人群。通过行业资讯，将直播活动以"本行业最新事件""业内大事"等形式发布于互联网媒体平台，吸引业内人士关注。

2. 观点提炼

观点提炼类软文需要提炼直播核心观点并撰写成文，可以提炼的核心观点包括新科技、创始人新思想、团队新动作等。

3. 直播销售员经历

与一般介绍企业的软文相比，直播销售员经历类软文更通俗易懂，更容易拉近与网友之间的距离。因此，在直播销售员经历类软文中植入企业核心信息，可以得到更有效的传播效果。

4. 观众体验

观众体验类软文，完全以第三方的语气讲述一场直播。由于和直播主办方、直播销售员都没有直接关系，所以软文撰写可以更主观和自由。

5. 运营心得

运营心得类软文可以从"如何策划一场直播""大型直播筹备技巧"等角度进行直播运营的心得分享，可以在知乎、直播交流论坛、策划交流网站等平台发布与推广。

（三）直播表情包宣传

在直播活动中，有趣的图片也可以通过截图的形式保存下来，加上文字成为直播表情包。直播表情包的制作有发现表情、表情截取、添加文字、表情使用四个步骤。

1. 发现表情

在直播过程中遇到合适的表情，可以记录下表情出现的位置，便于直播结束后统一制作表情包。通常可用于制作表情包的直播表情有以下几种类型。

（1）经典同步型

互联网上已经有的广为流传的经典表情，如微信表情、微博表情等，直播中与此经典表情同步类似的表情可以保存为表情包素材。

（2）夸张表情型

当直播参与者无意中出现"皱眉""噘嘴""闭眼"等相对较夸张的面部表情时，可以作为表情包素材标记并保存。

(3) 动作表情型

直播中的人物动作也可以作为人物情绪的体现，尤其是与台词、口语或流行语相关的动作，可以作为表情包素材保存。

2. 表情截取

静态表情和动态表情的截取方法不同。

(1) 静态表情

截取静态表情时，可以直接将视频暂停，使用截图工具，如 QQ 截图、微信截图、浏览器截图等截取相应的表情。

(2) 动态表情

截取动态表情时，可以使用 QQ 影音截取。通过 QQ 影音打开视频，点击右下角"扳手"图标，选择"动画"功能，在弹出的 GIF 制作页面中，通过滑动灰色线上的调节杆选择动态图的起点与终点，然后进行保存。

3. 添加文字

静态表情图可使用 Photoshop 新增图层来添加文字。动态表情图在 Photoshop 里以图层形式出现，每一帧即一个图层。点击页面右下角"创建新图层"按钮，选中新建的图层，并添加文字。团队名称、品牌名称等可以水印的形式添加在图片一角。

4. 表情使用

表情推广平台包括自媒体、官方群组、表情开放平台。

(1) 自媒体

在官方微博、微信公众号等平台给内容配图是可以应用自家表情包进行推广的。

(2) 官方群组

在粉丝群等官方群组内，可以由管理员带动，在聊天中应用表情包。

(3) 表情开放平台

原创表情包可以提交到微信、QQ 等表情开放平台，引导网友查看或使用表情包。

小贴士

《中华人民共和国广告法》中对电商的相关约束主要涉及两项，一是"广告不得含有虚假或者引人误解的内容，不得欺骗、误导消费者"。二是"广告中对商品的性能、功能、产地、用途、质量、成分、价格、生产者、有效期限、允诺等或者对服务的内容提供者、形式、质量、价格允诺等有表示的应当准确、清楚、明白"。

（三级）任务四　第三方资源库的建立方法

建立第三方资源库是为了收集、整理和存储各种资源，为用户提供便捷的查找和使用途径。以下是建立第三方资源库的方法。

一、明确资源库的目标和范围

首先确定资源库的主要目标和所涵盖的资源范围。资源可以包括文字资料、图片、视频、软件、工具等，也可以涵盖特定主题或领域的资源。

二、收集资源

可以通过互联网搜索、合作伙伴提供、用户提交等方式获取资源。

三、分类和整理资源

对收集到的资源进行分类和整理，建立起合理的分类体系。可以根据资源的类型、主题、用途等进行分类，以便用户快速找到所需资源。

四、确定资源描述和标签

为每个资源添加详细的描述和标签，包括资源的名称、作者、来源、格式、大小、更新日期等信息。这样可以增加资源的可搜索性和查找的准确性。

五、建立数据库或平台

选择合适的数据库管理系统或建立专门的资源库平台，用于存储和管理资源信息。确保资源库的数据结构和查询功能可以满足用户的需求。

六、设立访问权限

根据需要，设立资源库的访问权限。资源库可以是公开资源库，也可以是需要注册或付费访问的私密资源库。

七、设计用户界面

设计对用户友好的界面，使用户可以方便地浏览、搜索和下载资源；并提供多种查找和筛选方式，提高资源利用率。

八、定期更新和维护

定期对资源库进行更新和维护，添加新资源，更新旧资源，确保资源的时效性和可靠性。

九、推广和宣传

积极推广和宣传资源库，吸引更多用户访问和使用。可以通过社交媒体、网站链接、合作推广等方式进行宣传。

十、收集用户反馈

定期收集用户对资源库的反馈和意见，了解用户需求和改进建议，不断完善资源库的功能和服务。

通过以上方法，建立一个高效、丰富且易于使用的第三方资源库，将为用户提供更便捷的资源访问渠道，提高资源利用效率。

（三级）任务五　投入产出比的测算方法

一、投入产出比的定义

投入产出比（ROI）是用于衡量投资项目的经济效益和回报率的指标。它表示投资项目所带来的回报与投入成本之间的关系，是投资回报与投资成本的比值。通常以百分比的形式呈现。计算公式为：

$$ROI=投资回报÷投资成本$$

如果 ROI 为正数且数值较高，表示投资项目获得了较好的回报，具有较高的盈利能力和效率。如果 ROI 为负数，表示投资项目亏损。

二、不同宣传形式的投入与产出

在宣传中，不同形式的宣传方式会涉及不同的投入和产出。

（一）广告宣传

广告宣传指通过付费的方式在媒体上发布广告，包括电视广告、广播广告、报纸广告、杂志广告、互联网广告等。投入主要包括广告位费用、制作费用等。产出通常是根据广告效果来衡量的，如产品销售额的增加、品牌知名度的提升等。

（二）社交媒体宣传

社交媒体宣传指利用各种社交媒体平台，通过发布内容、互动等方式来推广产品或品牌。投入主要包括社交媒体管理和运营成本。产出可以通过粉丝数量的增加、社交媒体互动的增加、转化率的提高等来衡量。

（三）公关活动

公关活动指通过与媒体、公众、利益相关者等建立良好关系，提高企业或产品的声誉和形象。投入主要包括公关活动策划和执行的成本。产出通常体现在媒体报道数量的增加、品牌认知度的提升、公众对企业的好感度等。

三、评估线上直播活动的数据指标

直播活动作为近几年新兴的带货渠道，已成为许多店铺在线上营销中常采用的方式，特别是在"618""双十一"等大促节日，许多店铺都会考虑开展直播活动。我们从店铺的角度，通过分析以往的直播活动，来不断优化直播活动，提高店铺曝光度，从而提高销售额，起到拉新、召回老客的作用。

基础指标：直播 GMV（商品交易总额）、直播参与人数、直播新客户人数、直播老客户人数、直播召回老客户人数、直播退货退款金额、笔单价（单笔订单均价）、客单价、毛利率、退款率。

（一）效果如何

在进行分析之前，首先要确定该场直播活动的效果如何，若直播活动是亏钱的，就要考虑减少此类活动，当然我们希望根据数据确定在后续的运营中有没有最大化店铺利润的手段。

首先分析 ROI 投入产出比，从店铺的角度，我们来看一下直播活动对店铺的产出和投入。

产出：①直播净利润；②拉新的价值；③召回沉默老客户的价值。

投入：①付出成本：直播销售员坑位费及其他成本；②稀释老客户的价值。

投入是一场直播活动所付出的成本——直播销售员坑位费及其他成本，包括坑位费、商品运费、包装费、广告费、佣金、人工成本等。至于直播稀释老客户的价值，举个例子，本来我用完纸巾准备再买新的，但我会等到有直播活动的优惠再购买，因为直播活动的价格更优惠，表现出来就是老客户的笔单价降低，所以说稀释了老客户的价值。如何量化这部分稀释老客户的价值，可以计算剔除直播订单的老客户的笔单价与含直播订单的老客户的笔单价，两者的差值乘以人数就是稀释的老客户价值。例如，客户 A 剔除直播订单的笔单价是 18 元，含直播订单的笔单价是 13 元，该客户直播订单稀释的老客户价值是 18-13=5 元。

产出则不仅包括当场直播活动的净利润（直播 GMV-退货退款金额），还包括直播新客户的价值，以及召回沉默老客户的价值。如何量化这部分新老客户价值，直播新客户的价值=以往直播新客户的复购金额×人数，直播召回老客户价值=这批召回老客户以往的客单价×人数。例如，假设召回老客户是 365 天没购买的，然后直播时间段里，召回老客户有 100 人，之前这批召回老客户的客单价是 20 元，召回老客户价值=20×100=2 000 元。

举例说明如下，

主播：小明同学

直播时间：2021 年 6 月 1 日 20 时～22 时

直播 GMV：1 000 000 元

直播退货退款金额：500 000 元

直播参与人数：50 000

直播新客户人数：10 000

直播老客户人数：40 000

直播召回老客户人数：5 000

假设这批召回老客户之前购买的客单价为 15 元，直播新客后续的复购金额是 15 元。坑位费及其他成本 200 000 元。剔除直播订单的老客户的笔单价 30 元，含直播订单的老客户的笔单价 22 元。

投入：坑位费及其他成本 200 000 元，稀释老客户价值（30-22）×（40 000-5 000）= 280 000 元。

产出：直播 GMV 1 000 000 元，直播新客户价值 10 000×15=150 000 元，召回老客户价值 5000×15= 75 000 元

ROI=产出/投入=（1 000 000-500 000+150 000+75 000）/（200 000+280 000）=1.51。ROI>1

说明该场直播活动的收益为正，投入 1 倍的成本能获得 1.51 倍的回报。评估直播活动效果模型如图 1-19 所示。

评估直播活动效果模型

基础指标	数值		对象	数据指标	数值	计算公式
GMV	1,000,000		活动	GMV	1,000,000	
退款金额	500,000			退款金额	500,000	
参与人数	50,000			减去退款后的利润	500,000	
直播新客人数	10,000		店铺	拉新价值	150,000	10,000×15=150,000
直播老客人数	40,000			召回沉默老客价值	75,000	5,000×15=75,000
直播召回老客人数	5,000			回报汇总	725,000	
直播召回老客之前购买的客单价	15		活动	直播坑位		
直播新客后续的复购金额	15			主播佣金		
剔除直播订单的老客的笔单价	30			平台佣金	200,000	
含直播订单的老客的笔单价	22			广告费		
				包装费		
				商品运费		
				其他（人工/外包等）		
活动时间：2021-06-01 20:00:00 — 22:00:00			店铺	稀释老客价值	280,000	(30-22)×(40,000-5,000)=280,000
				成本汇总	480,000	
				ROI	1.51	回报汇总÷成本汇总
				利润	245,000	回报汇总-成本汇总

图 1-19 评估直播活动效果模型

（二）是否合理

合理的 ROI 数值因行业、项目类型和市场环境等因素而异。一般来说，ROI 大于 1 被认为是一个较好的投资回报，说明投资项目获得了两倍以上的回报。但 ROI 过高也可能表示数据不准确或未充分考虑风险。较低的 ROI 可能需要进一步优化宣传策略或调整投资方向。

因此，合理的 ROI 评估需要综合考虑多方面因素，包括投资项目的性质、市场竞争情况、投资周期、风险等。同时，进行 ROI 评估时需要确保数据的准确性和可靠性，以便做出科学和明智的决策。

习题

一、选择题

1. 专业的摄影师拍自己想要的产品，在拍摄时需要注意（　　）。
A. 开始拍摄之前，要仔细清洁产品
B. 使用远摄镜头获得完美视角
C. 利用光线可以获得柔和、微妙的产品摄影外观
D. 积极使用闪光灯

2. 使用百度搜索引擎精准搜索"海南大学"，应在搜索栏中输入（　　）。
A. "海南大学"   B. 海南大学
C. 海南+大学+2022   D. 海南-大学

3. 产品描述的正规格式的三个部分包括（　　）。
A. 标题、关键词、正文   B. 标题、关键词、署名
C. 关键词、正文、署名   D. 标题、正文、署名

4. 视频推广包括（　　）。`
   A．思路确定　　　　B．视频制作　　　　C．视频上传　　　　D．视频推广
5. 用来改善与客户关系的系统是（　　）。
   A．CRM   B．SRM
   C．客户关系管理   D．供应商关系管理
6. 当敲定以表情包为宣传形式后，所需求的传播媒体平台有（　　）。
   A．微博　　　　　　B．微信　　　　　　C．知乎　　　　　　D．豆瓣
7. 站在店铺的角度，一场直播活动对店铺的投入细项有（　　）。
   A．直播销售员坑位费   B．稀释老客户的价值
   C．推广费   D．产品成本

二、问答题

1. 国内常见的搜索引擎有哪些？
2. 直播活动的宣传计划的具体步骤及详细内容有哪些？
3. 外部推广的主要方式有哪些？
4. 阐述品牌电商、平台电商入驻平台的具体环节。
5. 某直播销售员在2022年10月10日的直播时间为18:00～24:00，直播GMV为1 000 000元，直播退货退款金额为500 000元，直播参与人数为50 000人，直播新客户人数为10 000人，直播老客户人数为40 000人，直播召回老客户人数为5 000人，假设这批召回老客户之前购买的客单价为50元，直播新客户后续的复购金额是32元。坑位费及其他成本200 000元。剔除直播订单的老客户的笔单价30元，含直播订单的老客户的笔单价22元。试求此次直播的投入产出比。

| 项目二 |

设备、软件和材料准备

【项目导读】

"工欲善其事，必先利其器"，很多人想做直播，却不知道该如何下手。当我们选择好平台开始做一场直播之前，为了保证直播整体效果，有必要做一些准备工作，接下来简要介绍下如何规划一场直播。为了让直播顺利进行，需要提前准备材料，这些材料不仅包括直播道具的使用，还包括直播人员的个人准备及直播产品的选择。

本项目将从直播开始前的设备、软件和材料准备入手，介绍硬件的安装调试方法，软件的下载安装方法，道具、场景的选择方法，了解样品（道具）的搭配方法，设备采购要求，直播销售员形象方案的制定方法，直播选品的原则和标准，直播选品的技巧。

【项目目标】

1. 能连接硬件设备
2. 能下载安装直播软件
3. 能根据直播计划选择道具、场景
4. 能自主进行产品选聘
5. 能自主搭配产品组合
6. 了解选品来源

（一级）任务一　硬件的安装调试方法

在拍摄短视频时，我们可以选择的设备有很多，最常用的设备包括智能手机、单反相机、摄像机、航拍无人机，以及一些辅助设备等。

一、常用的拍摄设备

目前，常用的视频拍摄设备有智能手机、单反相机、摄像机及航拍无人机等。在选择拍摄设备时，可以根据器材功能或者要拍摄的视频题材进行选择。

（一）智能手机

随着智能手机的广泛普及和短视频投放平台的日趋完善，短视频创作者直接用手机就能拍摄短视频，并上传至短视频平台，而且很多短视频平台都内置短视频拍摄、剪辑等功能，大大降低了短视频制作的门槛。

用智能手机拍摄短视频主要有三个优点：轻便、方便携带；操作简单，新手也能很快学会；直接分享，便于形成互动。当然，用智能手机拍摄短视频也存在一些缺点。例如，如果摄像头清晰度不足则对于复杂的场景就可能拍得不够清晰。又如，智能手机中的防抖功能稍差，甚至很多智能手机没有该功能，以致在拍摄短视频时出现画面抖动。

（二）单反相机

单反相机，即单镜头反光数码相机（DSLR），是一种专业级别的拍摄设备，如图2-1所示。其主要特征为单镜头，可以更换；具有可动的反光板结构；有五棱镜；通过光学取景器取景。

图 2-1　反光数码相机

使用单反相机拍短视频的常见模式包括快门优先（S或Tv）、光圈优先（A或Av）和全手动模式（M），这三种模式都需要由拍摄者来操控，适用于有摄影基础的人员及专业摄影人员，拍摄出来的照片或视频都属于专业水平。

（三）摄像机

在拍摄电视节目时都会用到摄像机，这是因为用摄像机拍摄的短视频在视频效果上很出色。如果需要制作精良的短视频，就必须使用摄像机，如图2-2所示。需要注意的是，这里所说的摄像机是指业务级摄像机，而不是家用DV摄像机。在使用摄像机拍摄短视频时，需要用到的配件也很多，如摄像机电源、摄像机电缆、摄影灯、彩色监视器和三脚架等。

图 2-2　摄像机

（四）航拍无人机

出于拍摄的需要，在某些场景中需要使用航拍无人机进行拍摄。从高空俯拍一些广阔的场景就需要用到航拍无人机，如 2-3 图所示。

图 2-3　航拍无人机

二、常用的拍摄辅助设备

想拍摄出具有专业水准的短视频作品，还需要借助一些辅助设备来实现拍摄目的。常用的短视频拍摄辅助设备包括稳定设备、录音设备、照明设备、摄影棚等。

（一）稳定设备

在拍摄短视频时，首先要解决画面不稳定的问题，这就需要用到稳定设备，主要有三脚架、轨道车、手持稳定器等。

1. 三脚架

在进行短视频拍摄时，最好选用摄像机三脚架，如图 2-4 所示。摄像机三脚架和摄影三脚架是有差别的，其材质更轻，用起来更稳，配合摄像机云台，可以完成一些诸如推、拉、升、降镜头的动作，从而提升视频画质，更好地完成拍摄任务。

拍摄者可以根据不同的拍摄场景来选择三脚架，若为街拍，则可以选用重量轻、体积小、收缩长度较短的三脚架；若拍摄场景是室内或影棚，则要把三脚架的稳定性放在第一位；在拍摄风景旅游场景中，应选择重量适中的三脚架，因为三脚架过重不易于携带，过轻则容易出现摇晃现象。对于不同的题材、不同的拍摄需求，需要选择的三脚架类型和搭配的配件也不同。

图 2-4　摄像机三脚架

2. 轨道车

在拍摄外景与动态场景时，经常会用到轨道车，如图 2-5 所示。轨道车的种类有很多，如非载人电动轨道车、便携式载人轨道车、匀速电动轨道车及脚踏电动轨道车等。

3. 手持稳定器

手持稳定器不仅可以防止手抖带来的画面抖动，还具有精准的目标跟踪拍摄功能，能够跟踪锁定人脸及其他目标拍摄对象，让动态画面的每一个镜头都流畅、清晰。另外，手持稳定器还支持全景拍摄和延时拍摄等，能够满足拍摄者对视频拍摄的专业需求，如图2-6所示。

图2-5 轨道车　　　　　　　　　　　　图2-6 手持稳定器

手持稳定器适用于多种拍摄场景，如动感的运动拍摄、唯美的MV拍摄及日常的旅拍等。正确地使用稳定器不仅可以发挥出稳定器的优势，还可以让用户掌握视频拍摄中镜头的运用技巧，让短视频的拍摄质量上升一个档次。

（二）录音设备

除非计划后期要进行消声、配音或者重新制作音轨，否则在拍摄短视频时现场的收声是很重要的，因为声音也是视频的重要组成部分。无论是用智能手机拍摄，还是用单反相机拍摄，要想提高收声质量，最简单的方法就是添加指向性麦克风，如图2-7所示。这种麦克风只会收录麦克风所指方向的声音，会在一定程度上削弱环境音的收录效果，从而提高人声的收声质量。

图2-7 指向性麦克风

（三）照明设备

如果在室内拍摄短视频，为了保证拍摄效果，就需要配备必要的灯光照明设备进行补光，如图2-8所示。常用的设备包括冷光灯、LED灯、散光灯等，其中散光灯常用作顶灯、正面照射或者打亮背景。在使用照明设备时，还需要配备一些相应的照明附件，如柔光板、柔光箱、反光板、方格栅、长嘴灯罩、滤镜、旗板、调光器和色板等。

图 2-8　灯光照明设备

室外视频拍摄一般利用自然光进行拍摄，或者采用"自然光+补光"的方式进行拍摄。利用自然光拍摄，可以使拍摄出来的视频效果更加真实，看起来会更加自然。

（四）摄影棚

搭建摄影棚是短视频前期拍摄准备中成本支出最高的一部分，它对于专业的短视频拍摄团队是必不可少的，如图 2-9 所示。

图 2-9　摄影棚

要想搭建一个摄影棚，首先需要一间较大的工作室——面积 20～30m^2，高度 3m 左右。这个面积能够实现对一个 3m 宽的标准背景布进行各方位补光，并且给摄像师足够的空间后退到足够远的地方进行拍摄。

如果需要同期录音，那么摄影棚还要满足一定的隔音要求，棚内噪声必须低于 35dB。同时还要求混响时间较短，以提高语言录音的清晰度，并使其有可能再现室外的音响效果。

为了排除棚内照明等设备产生的热量和拍摄中使用烟雾时所产生的烟气，摄影棚还要设有通风排气设备，通风管道内应配有消声器，以减少来自通风机房的噪声。

摄影棚内的装修设计必须依照视频的拍摄主题来布置，最大限度地利用有限的场地。道具的安排也要紧凑，以避免空间上的浪费。由于拍摄场景不是一成不变的，这就要求摄影棚在场景设计上一定要灵活，以保证在视频拍摄过程中可以随时改变场景。

三、设备调试

（一）电脑

推流直播就是通过摄像机捕捉画面，传输到直播操作后台，然后通过直播操作后台进行画面直播。过于老旧的电脑配置会影响推流软件的使用。为了方便操作，在电脑上也可以安装手机模拟器进行直播，这样直播画面质量也会更清晰。保证直播的流畅性是非常重要的，否则直播卡顿会影响主播的心情，导致直播效果不佳，同时也会加大用户流失量。

（二）手机

手机直播最基本的设备是高像素智能手机。手机的配置将直接影响直播时的画质。在选购手机时，最重要的是看前置摄像头的像素和系统的运行速度。

（三）宽带

直播时，宽带应尽量选择 10MB 以上的光纤宽带，开播前需要对网络环境进行测试。一般来说，15 分钟内没有大的网络波动，则证明网络没有问题。

（四）摄像设备

摄像设备是整个直播设备的核心，目前以旋转高清摄像头为主。例如，罗技 C922PRO 是直播间的首选摄像头，拥有超高分辨率、1500 万像素，支持 1080p 全高清画面录制，1.2 倍数码变焦，支持 720p、60 帧和 1080p、30 帧的视频录制。

（五）声卡

声卡分为电脑声卡和手机声卡两种。

1. 电脑声卡

在直播间所需的设备中，摄像头和麦克风是兼容所有电脑的，但声卡除外。声卡分为内置声卡与外置声卡。内置声卡仅限于在台式电脑上使用，且电脑主板一定要有一个空置的 PCI 插槽；外置声卡主要用于笔记本电脑，同时也可以用于台式电脑，通过 USB 插口接入。从整体上讲，内置声卡的效果要优于外置声卡。

2. 手机声卡

手机直播逐渐成为主流，因此专用的手机声卡也就应运而生了。虽然手机声卡很小，但功能齐全且便捷，手机声卡直接插上耳机就能使用，能接外置伴奏，也可以连接专业话筒。

（六）麦克风

麦克风有两种类型，一种是动圈式麦克风，另一种是电容式麦克风。通常情况下，直播时会选择电容式麦克风。电容式麦克风种类繁多,价格从 100 元到数万元不等。对于电容式麦克风的选择,可以从两方面入手:一是预算;二是直播形式。在某些场景下,需要直播销售员移动位置,比如需要展示全身衣服或者鞋包等,可以配置两个麦克风来接收音频。表 2-1 为所有直播设备在调试时的说明。

表 2-1 直播设备调试说明

设备的调试	说明
机位的设置	在直接过程中,有时需要全景画面,有时需要近景画面,有时需要特写画面,为了保障画面的成像效果,直播团队需要设置多机位。一般来说,直播间设置的机位主要有以下三种 ① 商品特写机位:以特写镜头展示商品细节 ② 直播销售员的中、远景机位:塑造商品的使用场景,让用户了解商品全貌,为用户营造代入感 ③ 直播销售员的近景机位:拍摄直播销售员的脸部、手部等位置,展示商品的使用过程
网络测试	测试网络的稳定性和网络传输速度
直播间测试	测试直播间的进入渠道、直播画面的清晰度、声音采集效果等
线缆的连接与归置	确保网线、电源线等各个设备的线缆正常连接,并将线缆归置好,以免给人员行动造成不便

小贴士

在自媒体运营中,必备的设备便是电脑,要用电脑完成图片编辑、视频剪辑、平台运营、联络客户、直播带货等,电脑的养护及操作安全知识主要涉及以下几项。

① 保持电脑运行环境的清洁,定期清洁电脑。长期不使用的话要用防尘布将电脑盖好,防止落灰积尘。

② 在适当温度下运行电脑。摆放时,电脑与墙壁至少应有 15 厘米的距离,以免主机内部的温度升高过快。

③ 注意电源的稳定性,配备一个专用稳压电源。在增、删电脑的硬件设备时,必须切断电源,并确认身体不带静电时才可进行操作。

直播间的其他设备操作如补光灯,排插,录音设备,投影仪等也要注意:

① 不要将手机、补光灯灯管等设备长时间插在电排插上,容易导致用电超负荷,引起地毯自燃。

② 不要在不稳定的物体表面上安装投影机,不要将投影机放在晃动的车、台、桌上。

③ 不要将花瓶、花盆、杯子,以及化妆物品等可能装有液体的容器放在投影机上。

(一级)任务二 软件的下载安装方法

一、电脑软件下载方法

可以在浏览器上搜索官网下载安装包,从而安装软件;也可以在电脑上找到电脑软件管理工具,通过软件栏目搜索并下载安装软件。

（一）通过浏览器下载

通过浏览器下载安装软件的一般步骤如下。
① 双击鼠标左键打开浏览器。
② 在浏览器的搜索栏输入软件的名称。
③ 通过搜索引擎找到软件的官网下载链接，点击下载。
④ 安装文件下载完成后，可以看到该安装文件是一个以.exe 为后缀的文件，打开下载的路径，路径可以在浏览器的设置中看到，找到并双击该安装文件，按照步骤安装即可。

以微信为例，详细步骤如下。

1. 双击鼠标左键打开浏览器

常见的电脑浏览器如图 2-10 所示。

(a) IE 浏览器　　　　　　　　(b) 360 浏览器

图 2-10　常见的电脑浏览器图标

2. 在浏览器的搜索栏输入软件的名称

搜索结果，如图 2-11 所示。

图 2-11　浏览器搜索微信界面

3. 通过搜索引擎找到软件的官网下载链接（图 2-11 中的第一个），点击"立即下载"按钮

查找结果，如图 2-12 所示。

图 2-12　电脑微信下载界面（1）

4. 点击"立即下载"按钮

电脑会弹出安装包可保存的位置，自行选择保存位置，此处选择本地磁盘（C:)如图 2-13 所示。

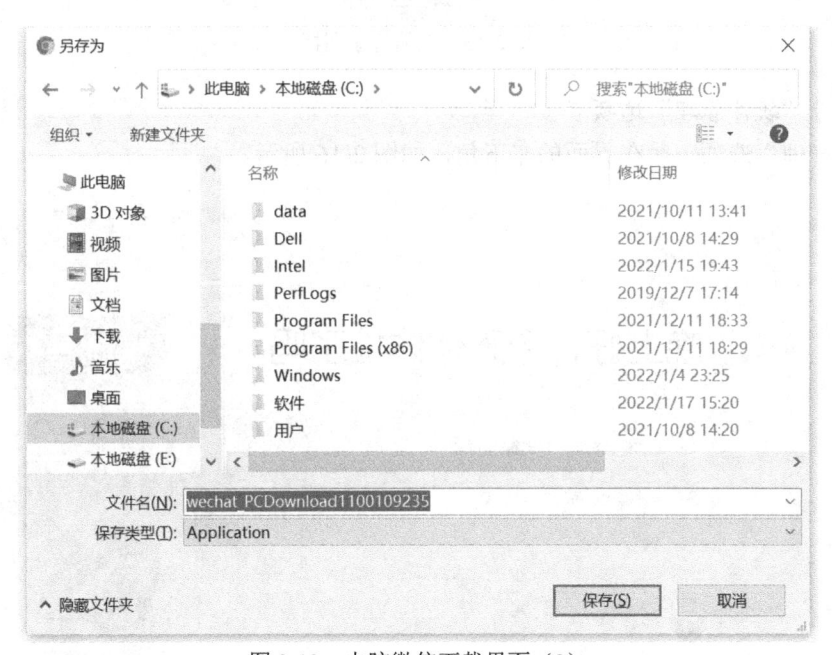

图 2-13　电脑微信下载界面（2）

5. 进行安装

安装文件下载完成后，可以看到该安装文件是一个以.exe 为后缀的文件，打开下载的路径，双击该安装文件进行安装即可。

（二）通过软件管理工具下载

通过软件管理工具下载安装软件的一般步骤如下。
① 双击打开软件管理工具；
常见的软件管理工具，如图 2-14 所示。

图 2-14　常见的电脑管家

② 找到各自界面中的软件下载栏目，点击进入；

③ 搜索找到想要下载的软件，点击软件右侧的"安装"按钮；

④ 安装过程中只需按照提示选择安装路径，部分软件还可以选择安装其他部件功能等，最后点击"完成安装"按钮即可。

此处以通过腾讯电脑管家安装抖音为例，介绍详细的下载安装步骤。

1. 双击打开腾讯电脑管家

腾讯电脑管家图标如图 2-15 所示。

图 2-15　电脑管家图标

2. 选择"软件管理"选项

"软件管理"选项一般在界面的左下角，如图 2-16 所示。

图 2-16　选择"软件管理"选项

3. 进入软件管理界面，找到搜索栏

软件搜索栏在界面的上方，如图 2-17 所示。

项目二　设备、软件和材料准备　33

图 2-17　搜索栏

4. 在搜索框中输入目标下载软件的名称并进行搜索

在搜索框中输入"抖音",按 Enter 键,即可得到搜索结果,如图 2-18 所示。

图 2-18　搜索结果

5. 点击"安装"进行安装

点击界面中的"安装"按钮,即可下载软件,下载完成后系统会自动安装软件,下载界面如图 2-19 所示。

图 2-19 下载界面

6. 勾选"同意'抖音'用户服务协议和隐私政策"复选框,点击"一键安装"按钮即可

下载完成后点击"抖音"图标,勾选"同意'抖音'用户服务协议和隐私政策"复选框,点击"一键安装"按钮即可,如图 2-20 所示。

图 2-20 一键安装

二、手机软件下载方法

目前，市场上主流手机操作系统有 iOS、Android。每种系统都有自带的软件下载工具。以 iOS 的"App Store"，Android 的"应用商店"为例。

（一）找到 App Store，或"应用商店"

1. iOS

找到 App Store，然后点击进入，如图 2-21 所示。

图 2-21　找到 App Store

2. Android

找到"应用商店"，然后点击进入，如图 2-22 所示。

图 2-22　找到"应用商店"

（二）找到搜索栏

1. iOS

在右下角点击"搜索"按钮进入搜索栏，如图 2-23 和图 2-24 所示。

图 2-23　点击"搜索"按钮　　　　　　　　　　图 2-24　搜索栏界面 1

2. 安卓系统

直接点击上方搜索栏进行搜索，如图 2-25 所示。

图 2-25　搜索栏界面 2

（三）进入搜索界面后在输入框中输入要下载的软件名称

1. iOS

以下载抖音为例，如图 2-26 所示。

2. Android

以下载抖音为例，如图 2-27 所示。

图 2-26　下载界面

图 2-27　搜索"抖音"

（四）点击获取或下载

1. iOS

点击"抖音"图标，进入软件详情页，如图 2-28 所示。

图 2-28　软件详情页

2. Android

点击"抖音"图标进入详情页,如图 2-29 所示。

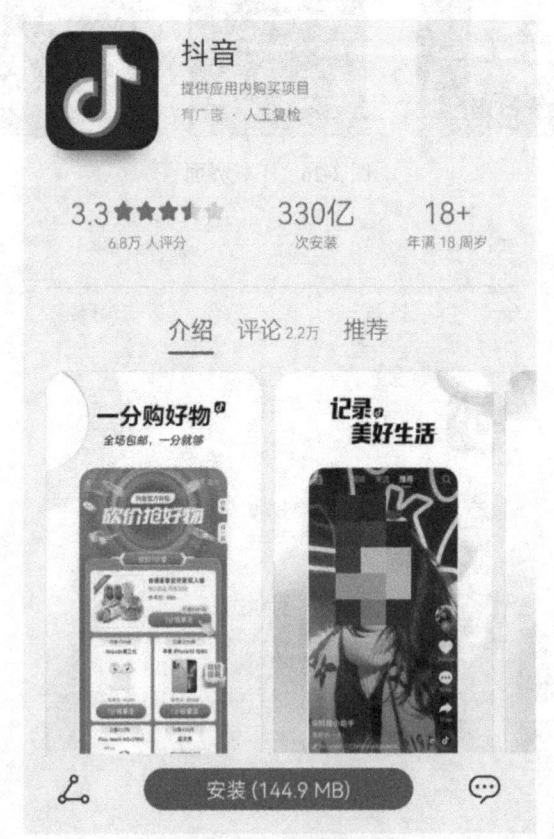

图 2-29　详情页

(五)登录软件

最后回到主屏幕登录就可以了。

（一级）任务三　道具、场景的选择方法

直播间场景是直播活动落地的一个重要环节。直播销售员应根据直播活动主题、节点、直播嘉宾等要素的变化对直播的场景进行相关调整和布置。

一、场景的选择

一个优秀的直播间场景的标准是既能让用户感受直播间的丰富和视觉上的舒适，又不至于太过拥挤。

直播场景的大小要根据直播的内容进行调整，具体如表2-2所示：

表2-2　不同直播类型直播场景大小选择

直播类型	场景大小/m²
美妆类、食品类、珠宝玉石类	5~8
穿搭服饰类	15~20
居家百货类	20以上
……	……

（一）直播场景的选择思路

直播场景的选择思路主要是根据以下三种情况进行选择。

1. 直播营销场景的选择思路

在以直播营销场景为核心的直播间中，应根据直播主题、营销活动、特殊节点等，搭建呼应活动场景的直播间，如图2-30所示。

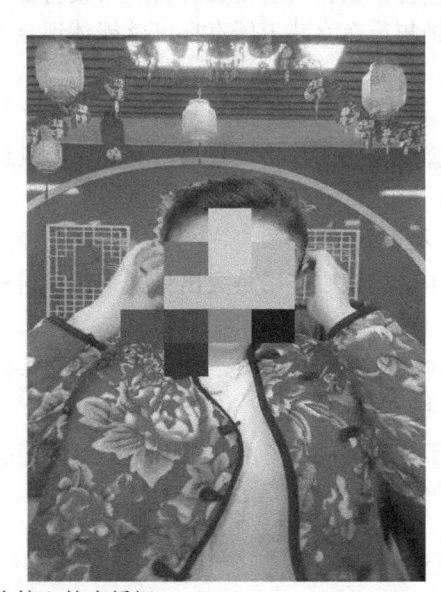

图2-30　以场景为核心的直播间

2. 直播产品导向场景的选择思路

以产品为整个直播间的核心时,应打造与产品呼应的场景,如美食派对、服装上新周等,如图 2-31 所示。

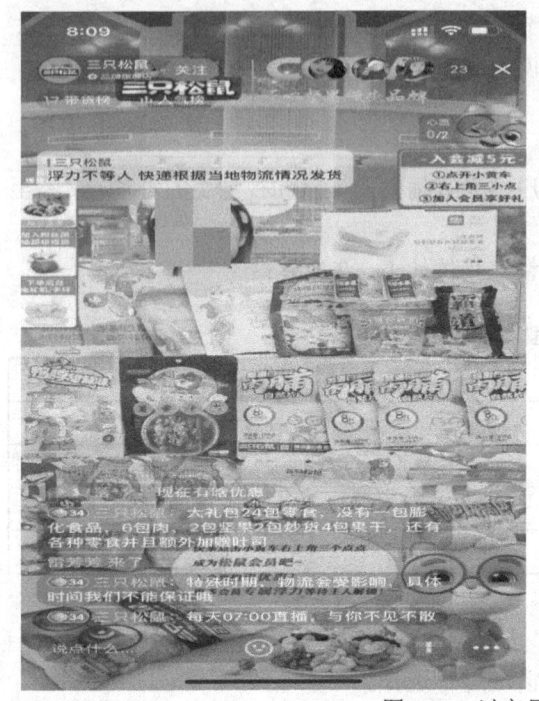

图 2-31　以产品为核心的直播间

3. 直播销售员导向场景的选择思路

根据直播销售员的带货类目及人设特征,打造为直播销售员加分的直播间场景,譬如服饰直播销售员在女装工厂直播,就能体现直播销售员的专业性。

(二)场景布置三要素

选择了相应的直播场景后,就要对场景进行布置,一个合格的直播间场景,应该具备三个要素：展示区、产品区、道具区。

1. 展示区

展示区的核心作用是突出直播销售员讲解及展示的产品。

2. 产品区

通过货架陈列等方式,向用户展示更多产品,延长用户在直播间的停留时间。

3. 道具区

用于摆放奖品及各类道具,如小黑板等；道具可辅助直播销售员进行产品说明、释放福利信息等。

二、道具选择

直播活动所需要的道具有摄像头、麦克风、声卡,这三样道具称为直播三大件,是声画的收集者与传播者，只有它们好好运转，才能不费主播口舌。另外，手机或电脑的选择，也是不能忽视的。

（一）摄像头

摄像头负责画面采集，可以说直播效果的 50% 都来自于摄像头。现在直播使用的摄像头类型和优缺点，如表 2-3 所示。

表 2-3　不同类型摄像头的优缺点

摄像头类型	优　缺　点
电脑自带摄像头	优点是方便，不需要连接外部设备，但是缺点也很明显——电脑自带的摄像头像素比较差，而且动态捕捉能力弱
手机自带摄像头	优点就是可以随时移动，不用再配其他设备，适合户外直播。一般来说手机前置摄像头像素在 1 600 万以上，基本就可以达到直播要求
USB 高清摄像头	是职业直播销售员用得最多的一个类型，连接电脑使用，优点是画面高清，更易于展示细节，画质稳定，不会出现跳帧、慢动作等不良效果

注：USB 摄像头基本都自带了麦克风，有的还配备了美白灯，选一个价格合适的即可，日常用得较多的价格一般是 1 500 元。

（二）麦克风

目前，直播使用的主要麦克风类型和优缺点，如表 2-4 所示。

表 2-4　不同类型麦克风的优缺点

麦克风类型	优　缺　点
电脑自带麦克风	收音范围小，杂音明显，灵敏度比较差，笔记本电脑麦克风稍微好一点，台式电脑麦克风还可能收录不到声音，所以不推荐使用电脑自带的麦克风
手机自带麦克风	无论是在采集还是输出上，手机的麦克风都比电脑的表现更清晰、稳定、不失真。但缺点是缺少修饰效果
独立麦克风	分为动圈式麦克风（见图 2-32）和电容式麦克风（见图 2-33），如果直播环境比较嘈杂，适合使用动圈式麦克风，而且动圈式麦克风比电容式麦克风便宜；缺点就是人声还原度不够高，音质闷闷的。电容式麦克风是在室内安静环境直播的最佳选择，收音效果非常好，声音清晰透亮，还原度高；缺点是在室外效果不佳，价格也比动圈式麦克风稍贵

图 2-32　动圈式麦克风　　　　　　　　图 2-33　电容式麦克风

（三）声卡

声卡的作用是把设备（麦克风）采集的声音传递到手机或电脑上，经过声卡处理的声音会更动听。如果你配了麦克风，那么声卡就是下一步考虑要配置的设备，它会让声音效果更好。

1. 手机声卡

手机声卡的价格比较便宜，如图 2-34 所示，很多都是带电池可以充电的，插入手机即可使用。适合新手或是想在户外，如果园、工厂等地方，或是想给粉丝更好直播效果的运动户外类目商家。

2. 电脑声卡

电脑声卡如图 2-35 所示，分为内置声卡和外置声卡，内置声卡是电脑自带的，价格比较便宜，性价比高；外置声卡价格比较高，直播销售员、视频剪辑师等需求比较高的从业人士选择得比较多，除了声音品质更好，还能发出多种多样的声音，如人声变音、增加鼓掌音效、支持一边讲话一边放背景音乐等。

图 2-34　手机声卡　　　　图 2-35　电脑声卡

三、手机/电脑的选择

网络带宽的多少是确保直播声音画面不卡顿的关键所在。电商直播不如游戏直播等对手机电脑配置要求特别高，因此本书只给出基本配置和建议，以节省开支。

（一）电脑

重点关注处理器（CPU）和内存，建议处理器选择酷睿 i5 以上，内存选择 8GB。如果是台式电脑且是自己组装的，建议不要用杂牌配件，毕竟是直播，不要中途出问题。

（二）手机

前面我们已经对手机提出了需求，前置摄像头像素要在 1600 万以上，此处再加上个条件——运行内存 8GB。

（三）网络

无论是用宽带、Wi-Fi，还是户外直播使用的无线网卡，上载网速都要求达到20mbp/s，才能确保不卡顿；下载网速稍微没那么多要求，但也不能太低。考虑光路消耗，此处不给办理宽带的具体建议，读者可以下载相关软件测速看是否需要提速。

（二级）任务四　样品（道具）的搭配方法

在直播中，适当使用道具，能帮助用户弥补无法触碰到实物导致的信息偏差；也可以让直播间显得不那么呆板无聊，以提升互动率。下面介绍几类直播销售中常用的道具。

一、板书

高水平的直播销售员都喜欢用板书。一是因为板书有交互性，特别方便与用户做互动。二是因为板书能激发直播销售员的灵感，直播销售员在书写的过程中可能产生新的想法。好的板书还有传播性，用户会拍照传到网上。在线上直播中，用户可以截屏发朋友圈，更加方便。

二、手绘+道具板

可以在白板上画图，也可以事先在小道具板上画好，或者打印到A4纸上，直播时直接展示。还有的直播销售员直接真人出镜，现场边画边讲，效果都不错。

三、实物展示

在直播销售中，是必须要有产品实物作为道具的，可以让用户直观看到产品。线上没法让用户直接体验产品，但是在镜头前展示，大部分情况下还是做得到的。

四、活用iPad

有时候不方便晒实物，或者实物不足以呈现最佳视觉效果，就可以用道具板、图片和iPad。例如，在iPad中展示美轮美奂的食物照片，把购买好评列在道具板上等，效果和直接看实物差不多。

（二级）任务五　设备采购要求

设备采购是组织或企业为了满足特定需求而购买设备的过程。为了确保采购过程顺利并获得符合要求的设备，以下是一些常见的设备采购要求和步骤。

一、明确需求

确定具体设备需求，包括性能要求、功能需求、规模、预算等。将需求尽量具体化，以便供应商能够提供符合要求的设备。

二、制订采购计划

根据需求制订详细的采购计划，包括预算、时间表、采购方式（竞争性招标、询价等）等。

三、设备规格

编制设备的详细规格书，包括技术规格、性能指标、功能要求、尺寸等，将有助于确保供应商了解需求。

四、寻找供应商

根据采购计划寻找合适的供应商，可以通过互联网、行业展会、推荐等途径找到潜在的供应商。

五、评估供应商

对潜在供应商进行评估，考察其信誉度、技术能力、售后服务等方面。可以通过询价、调查、参观等方式了解供应商情况。

六、准备采购文件

根据采购方式准备相关采购文件，如招标文件、询价函等。确保文件清晰、详细、准确。

七、公开招标/询价

如果适用，进行公开招标或询价活动。确保采购过程公平、公正，吸引多家供应商参与竞争。

八、报价评估

对供应商的报价进行评估，考虑价格、性能、质量、交货时间等因素。

九、谈判和选择

如果需要，与供应商进行谈判，讨论合同细节和条件。最终选择符合要求且价格合理的供应商。

十、签订合同

确定供应商后，签订正式的采购合同，明确双方的权责和条件。

十一、交货和验收

确保供应商按照合同要求交付设备，并对供应商交付的设备进行验收，确保设备符合规格和质量要求。

十二、付款

按照合同约定付款。可以根据合同条款分批付款或一次性付款。

十三、售后服务

确保供应商提供必要的售后服务，如维修、保养、培训等，以确保设备正常运行。

十四、记录和跟踪

记录整个采购过程的细节，以备将来参考。定期跟踪设备的使用情况和性能，确保设备正常运行。

在设备采购过程中，透明、合规和充分的沟通都是至关重要的。确保采购过程公平、透明，同时与供应商保持积极的合作关系，有助于顺利完成设备采购工作。

（二级）任务六　直播销售员形象方案的制定方法

一、直播销售员形象概述

直播销售员形象塑造是指由摄像头、直播间、直播销售员形象、直播销售员声音等各种要素共同构成的超强表现力。对直播销售员的整体形象方案制定包括以下四个方面内容。

（一）尊重消费者审美

虽然不要求直播销售员具有高标准的容貌，但并不意味着在直播间可以蓬头垢面。直播销售员应当对整体形象进行适当修饰和塑造，以表达对消费者的尊重。

首先，直播销售员可以通过学习化妆技巧，有效提升形象水平，展示自己最佳的精神面貌。其次，直播销售员可以通过学习服装和配饰的搭配技巧，展现直播销售员美好形象和气质。另外，直播时选择质量较好的摄像设备，能够更好地展现直播销售员的形象，同时让视频画面更加高清且稳定。

（二）保持正面情绪

观众观看直播的核心诉求是放松心情，即使直播间只有一名观众，直播销售员也应保持正面情绪，做一名称职的直播销售员。

（三）有素质和涵养

在直播的过程中直播销售员切忌使用不文明用语，在收到观众负面评价和攻击时，应该礼貌应对。

（四）保持亲和力

直播销售员应时刻谨记亲和力的重要性，并通过在直播过程中的一举一动展现自己的亲和力。

二、直播销售员妆容与服饰

（一）直播销售员妆容

直播销售员妆容是指通过某种装扮和修饰形成的一种在直播过程中的外在形态表现。

男性直播销售员妆容着重表现皮肤的质感，重点强调挺立的鼻梁、浓密的眉毛和丰厚的嘴唇，体现本人的特有气质。

女性直播销售员以裸妆和生活妆为主，整体妆面干净，不宜过于浓艳。

（二）直播销售员服饰

直播销售员的服饰搭配需要在款式、颜色上相互协调，整体上达到得体、大方的展现效果，如图 2-36 所示。直播销售员在直播的时候可能是上半身出镜，也可能是全身出镜，所以要特别注意穿搭。

图 2-36　示例 1

1. 服饰选择应考虑的因素

（1）款式

无论直播环境和天气如何，直播销售员在直播时应穿着轻薄型的服装，不宜穿着臃肿的服装。

（2）颜色

直播销售员所选择服饰的颜色最好以同类色搭配为主，通常是深浅、明暗不同的两种同类颜色搭配。全身服饰的颜色不应超过三种。

（3）面料

直播销售员可以选择物美价廉的服装面料，但应保证基本的质感。

（4）尺度

直播销售员应严格按照相关管理规定的要求，在直播过程中选择合适款式的服装，把握好穿着的尺度，如图 2-37 所示。

图 2-37　示例 2

2. 服饰搭配技巧

（1）日常服饰搭配技巧

直播销售员可以根据自身实际情况选择日常服装搭配，注意不同服装的款式、颜色等是否适合直播。直播销售员在直播过程中如采用坐姿，观众注意力大多集中在其上半身部分，上衣领最靠近脸部，因此直播销售员应注意根据自己的脸型和脖子长度选择合适的领型，以起到美化和修正脸型的作用。如果直播销售员在直播过程中采用站姿全身出镜，则应选择适合直播销售员体型的服装款式。配饰的选择要简洁得体，跟妆容和服饰保持和谐。

（2）主题服饰搭配技巧

服装搭配可以根据不同的主题而有所区别。如果是美妆产品的直播，可以选择款式时尚、颜色艳丽的服装，给人热情开朗、积极向上的感受；如果是农产品的直播，可以选择款式简单、颜色清丽的服装，给人清新自然、健康阳光的感受，如图 2-38 所示。

图 2-38 示例 3

(3) 节日服饰搭配技巧

直播销售员通过穿搭具有节日特点的服装，可以营造直播间的节日氛围，吸引观众的关注。例如，圣诞节服装穿搭可以选择红色或绿色系列服装，佩戴具有圣诞节特色的饰物。

三、直播销售员声调与语速

直播销售员的语音特质是一种特殊的力量。质量上乘的语音特质，能够传达更多言外之意，使观众更加欣赏和亲近直播销售员。

语音特质包括声调、语调、音量、语速、语气等多种因素。通过细分领域的专注练习，直播销售员不仅能丰富直播语言的内容，还可以增强语言的感染力。因此，直播销售员在直播过程中，要准确把握声调和语速。

（三级）任务七　直播选品的原则和标准

一、选择产品的原则

选择产品是直播销售工作中的一个重要环节，主要包括产品研究、竞品分析、传播渠道三个方面。

（一）产品研究

直播销售在选择产品时应了解产品的基本情况及属性，并应对产品进行销售分析与预估，如对产品历史热度、市场容量、价格利润等进行分析与预估。

（二）竞品分析

直播销售在选择产品时，可以通过阿里指数、百度指数等第三方工具查看产品类目营销数据和热度，了解该类目产品的排名和排名前三产品的销量、图片、详情、评价等信息，并且能够长期监测查询产品或者同质化产品的营销周期。

（三）传播渠道

选择产品需要了解产品是否在全渠道直接触达消费者，产品传播都通过哪些渠道，并且预估每种渠道的传播成本和转化率。

二、选择产品的标准

规范化的直播销售需要为销售的产品制定明确的标准，实现规范化选品。

（一）产品渠道正规合法

直播销售作为消费者网络购物的重要方式之一，产品质量是直播销售选择产品的重要标准，且产品渠道要正规合法，直播销售员不能在直播间售卖来路不明的产品。

（二）产品与需求匹配

直播销售产品的选择应紧跟市场趋势，贴合市场热点，并且选择符合时令的产品作为主推产品。另外，在选择产品时还可以考虑粉丝的需求，以稳固自己的粉丝群体。例如，请粉丝在直播账号留言，或者直播销售员在直播过程中询问粉丝的需求等。

（三）产品卖点明确

选择卖点明确的产品，也就是选择在外观、款式、质地、功能等方面具有较为显著特点的产品。有卖点才会有市场，产品卖点明确，可以有效促成消费者的购买行为。

（四）产品销量高

销量高的产品具有较为成熟的消费市场，容易被消费者接受。在直播销售的前期，可以选择销量较高的产品，带动消费者的消费欲望，积累消费者的信任感。

（五）产品性价比高

高性价比、低客单价的产品在直播销售中更具有优势，此类产品可以作为直播销售的引流产品。通过让消费者获得最大限度的权益，使消费者对直播销售员产生极大的信任感，并在此基础上提升复购率，从而获得消费者更多的关注。

（三级）任务八　选择产品的技巧

一、产品的来源

（一）直播销售员自有品牌

一些直播间经常会介绍自有供应链提供的配饰、服装等产品，而且是只能在直播间和电商店铺才能买到的产品，如图 2-39 所示。直播销售员对这类来源的产品是可以有效控制价格和利润的。

图 2-39　直播销售员的自有品牌

（二）其他品牌商家提供的产品

这一类的产品占据了直播的绝大多数，产品通常是由直播团队与品牌商家签订直播合作协议，由直播销售员进行直播产品推荐，品牌商家负责客服、发货和售后服务，其中如果能够由生产厂家作为直接供货方，还可以省略中间的流通环节，保证一手货源和更好的价格优势。

（三）来自供应链平台的产品

现在的直播平台包括抖音、快手都有自己完善的购物联盟系统。例如，快手好物联盟，如图 2-40 所示，非常适合既没有自己的产品，也没有合作供货商的新人主播，可以在直播平台根据自己的定位直接选择合适的产品进行直播带货。

图 2-40　快手好物联盟

二、选择产品的技巧

在选择直播销售的产品时，应考虑以下六个因素。

（一）产品外观

选择产品时应尽量选择外观较好、设计感强的产品。这样的产品更能够吸引消费者的关注，容易使消费者产生购买意愿。

（二）产品品质

信誉对直播销售至关重要，选择产品时应注重产品的品质。例如，产品已经具有权威机构认证，或者已经在业内获得较好的口碑。

（三）产品复购率

选择复购率较高的产品，如零食、日用品、化妆品等快消品，如果可以让消费者获得较好的购物体验，消费者将可能提高购物频次，从而提高他们的活跃度。

（四）产品运输

在选择产品时应当选择相对容易运输和不易破损的产品，从而让消费者获得良好的购物体验，以此奠定消费者反复购买的基础。

（五）产品市场

选择产品时可以优先考虑其他直播账号销售效果较好的产品，通过跟卖提高自身成交量。

（六）消费需求

在选择产品时还需要充分考虑粉丝的消费需求，以建立稳固的直播粉丝群体。例如，可以通过评论、留言、私信、直播中询问、在公众号设置"产品许愿"板块等方式获取粉丝的消费需求。

三、直播产品的选品搭配策略

一场直播通常有 10 种以上的产品，要获得较好的销售效果，必须重视直播产品的搭配策略。通常，在直播间销售的产品根据其销量、利润率、在直播产品策略中的作用等可以被分成不同的类型，直播团队可按照引流款产品、跑量款产品、利润款产品来进行选择搭配。

（一）引流款产品

引流款产品顾名思义是指能为直播带来很多流量的产品。引流款产品通常的受众人群比较广，价格比较低，可以用它来吸引大量的用户进入直播间，实现引流效果。

例如，卖护肤品的直播间可以选择面膜、护手霜等用户使用频率比较高的产品，卖居家生活类用品的直播间可以选择水杯、保鲜膜等。

（二）跑量款产品

跑量款产品是指市场热度高、曝光量高、销售量高的产品。跑量款产品的价格较低，通常利润也不高。跑量款产品主要用来增加直播间竞争力，其最大的特点就是性价比高、销量大，可以作为支撑整场直播间销售额的产品。

（三）利润款产品

利润款产品指以利润为主要目的进行推荐的产品。在通过引流款产品获得更多的消费者进入直播间，并通过跑量款产品吸引消费者下单购买后，下一步就是通过利润款产品来实现直播销售的利润。

习题

一、选择题

1. 以下哪些方式是网络营销？（　　）

A．IM 营销　　　　B．病毒营销　　　　C．视频营销　　　　D．微博营销

2. 网络营销具有（   ）。
A．跨时空性　　　　B．多媒体性　　　　C．成长性　　　　D．高效性
3. 摄影三大要素是（   ）。
A．光圈　　　　　　B．快门　　　　　　C．ISO　　　　　　D．IOS
4. 产品宣传方式有（   ）。
A．制作三维动画展示　　　　　　　　　B．限时限量
C．预售　　　　　　　　　　　　　　　D．制造从众感
5. 外部推广的主要方式有（   ）。
A．贴吧推广　　　　B．QQ 推广　　　　C．微博推广　　　D．微信推广
6. 直播销售员在选择直播服装时应该考虑的因素有（   ）。
A．款式　　　　　　B．颜色　　　　　　C．面料　　　　　D．尺度
7. 直播销售员选择产品时应该考虑的因素有（   ）。
A．产品价格　　　　B．产品质量　　　　C．产品受众　　　D．产品外观
8. 下列直播间选品策略中，属于高性价比的有（   ）。
A．商品具有特色　　　　　　　　　　　B．全网最低价
C．无条件退换　　　　　　　　　　　　D．赠送大额优惠券

二、简答题

1. 网络信息安全知识的内容是什么？
2. 选择一款自己感兴趣的产品并用 Photoshop 制作宣传图。
3. 某美妆品牌拟准备一场美妆商品直播，对直播销售员的形象方案该如何制定？
4. 简述美妆类、服饰类、家电类、家居类、珠宝类商品直播间道具、场景的选择有哪些异同点。
5. 简述直播间的产品来源。
6. 简述直播间产品在搭配时应该注意的因素。

| 项目三 |

风险评估

【项目导读】

直播的过程充满不确定性，可能会发生突发状况。直播中的未知状况如同猜盲盒，有未知就有挑战，发生什么事，遇到什么人，是意外先来临，还是一切尽在掌握，都充满了不确定性。直播不是按剧本摆拍，特别是在开放性场景下，出乎意料的状况既是直播最吸引人之处，又是对直播团队最大的挑战。因此，在直播之前要做好准备，对直播的过程进行评估，列出直播过程中可能会发生的风险，并做好应急方案。

本项目首先将介绍直播过程中可能存在的硬件风险和法律风险，然后介绍团队协作风险的预判方法，从而引出风险应对计划的制订方法，最后介绍直播留人的策略和直播风险应对。

【项目目标】

1. 能提出断网、断电等简单故障解决方法
2. 能判断营销过程中法律、法规风险
3. 能预判团队协作风险
4. 能制订风险应对计划
5. 能制定直播留人的策略
6. 能在直播发生失误时进行救场

（一级）任务一 断网、断电等故障的解决方法

一、电脑断网的原因分析及解决方法

在使用电脑的时候我们经常会遇到连不上网、断网的情况。电脑网络故障大致可以分为以下几种：运营商问题、硬件问题、电脑网络设置问题、网卡驱动问题。

（一）运营商问题

在电脑断网后，我们要先确认下光猫、路由器等网络设备在通电状态下是否能正常运行，

光猫指示灯状态是否如图 3-1 所示。如果检查后没有问题，那么有可能是运营光缆线路问题，或是宽带欠费，我们需要联系当地运营商进行确认。

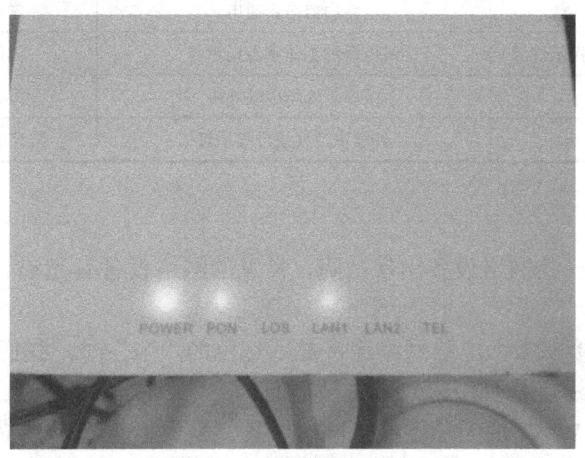

图 3-1　光猫指示灯状态

在路由器设置没有问题的情况下，我们可以通过路由器工作时的指示灯含义判断路由器的故障。如图 3-2 所示。

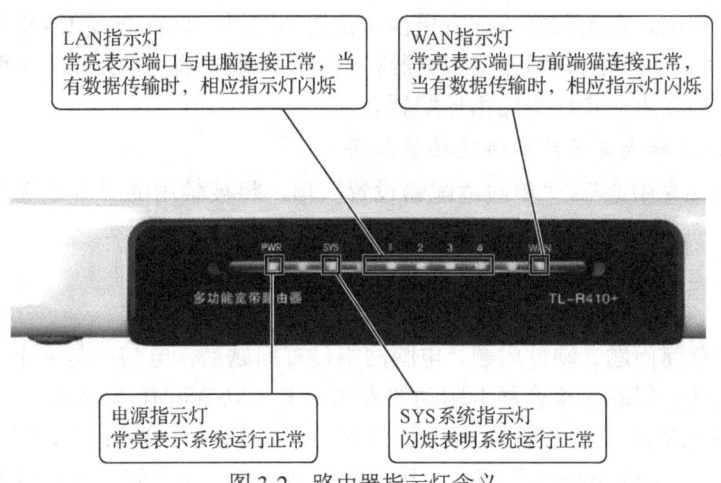

图 3-2　路由器指示灯含义

路由器指示灯通常可以分为四类，分别是电源指示灯、SYS 系统指示灯、LAN 指示灯、WAN 指示灯。想了解光猫和路由器的主要故障原因可通过观察两个设备上的指示灯状态，具体见表 3-1。

表 3-1　光猫和路由器主要故障排除

品　类	指　示　灯	含　　义	正　常　状　态	故　障　状　态
光猫	PON 数据灯	光猫终端是否与光纤数据网络已经成功建立连接	常亮	闪烁/熄灭
	LOS 指示灯		熄灭	闪烁/常亮

续表

品　类	指示灯	含　义	正常状态	故障状态
路由器	电源指示灯	路由器是否通电	常亮	熄灭
	SYS 系统指示灯	路由器的工作状态指示灯	闪烁	熄灭/常亮
	LAN 指示灯	接口是否与电脑连接	常亮	熄灭
	WAN 指示灯	外部宽带线信号指示灯	常亮/闪烁	熄灭

（二）硬件问题

硬件问题主要是一些网络设备出现故障，常见的网络设备有光猫、路由器、交换机、网卡、网线等。

当 Wi-Fi 正常连接网络，电脑网络连接显示红色的"×"时，我们需要第一时间检查电脑和路由器之间的网线，是否松动，是否被压断。

如果有线网络和 Wi-Fi 都无法连接上网时，我们需要检查一下光猫、路由器的网线是否松动，并尝试重新插拔网线束解决。

（三）电脑网络设置问题

1. 路由器配置问题

这个问题主要出现在新装宽带或者更换路由器的时候，现在光猫 LAN 口都是可以直接连接电脑上网的，使用网线分别连接路由器和电脑，如果电脑测试正常，说明路由器配置出现了问题，我们需要进一步检查路由器配置。

2. 电脑本地连接或者无线网络连接被禁用

打开"网络共享中心"/"更改适配器设置"项，将被禁用的"本地连接"或者"无线连接"启用。

（四）网卡驱动问题

在排除完运营商问题、硬件问题、电脑网络设置问题后，电脑还是上不了网，那么很有可能就是网卡驱动的问题。检查网卡驱动的方法如下（以 Win 10 为例）。

① 打开设备管理器。可直接打开"开始"菜单，点击"运行"命令；或者使用快捷键 win+R，打开运行窗口输入"devmgmt.msc"命令，按回车键确定打开设备管理器；或者右击计算机或者我的电脑，打开设备管理器。

② 查看网络适配器是不是有黄色感叹号，如果有的话我们需要安装或者更新一下网卡驱动。可以在有网络的电脑上下载驱动精灵万能网卡驱动版，用 U 盘复制到有问题的电脑上安装检测。

二、电脑断电等原因分析及解决方法

（一）软件问题

1. 病毒破坏

比较典型的就是曾经对全球计算机造成严重破坏的"冲击波"病毒，发作时会提示系统将在 60 秒后自动重启。判断是否属于病毒破坏，我们可以使用最新版的杀毒软件进行查杀。对于某些不易清除的病毒，最好重新安装操作系统。

2. 系统文件损坏

当系统文件损坏时，电脑系统在启动时将无法完成初始化。对于这种故障，因为无法进入正常的桌面，只能覆盖安装或重新安装电脑系统。

3. 定时软件或计划任务软件起作用

如果在"计划任务栏"里设置了重新启动或加载某些工作程序时，当定时时刻到来时，电脑也会再次启动。对于这种情况，我们可以打开"启动"项，检查里面有没有自己不熟悉的执行文件或其他定时工作程序，将其屏蔽后再开机检查。

（二）硬件问题

1. 市电电压不稳

一般家用电脑的开关电源工作电压范围为 170～240V，当市电电压低于 170V 时，电脑就会自动重启或关机。对于经常性供电不稳的地区，我们可以购置 UPS 电源或 130～260V 的宽幅开关电源来保证电脑稳定工作。

2. 主机开关电源的插头松动

这种情况一般出现在 DIY 的电脑上，主机电源所配的电源线没有经过 3C 认证，与电源插座不配套。当我们晃动桌子或触摸主机时就会出现主机自动重启的情况，解决方法是更换优质的 3C 认证电源线。

3. CPU 问题

当 CPU 内部部分功能电路损坏，二级缓存损坏时，电脑也能启动，甚至还会进入正常的桌面进行正常操作，但当进行某一特殊功能时就会重启或死机，如作画、玩游戏等，可以直接购买新的 CPU 进行替换排除。

4. 接入外部设备时自动重启

这种情况一般是因为外设有故障，如打印机的并口损坏、某一脚对地短路、USB 设备损坏对地短路、网卡做工不标准等，当我们使用这些有故障的设备时，就会因为突然的电源短路而引起计算机重启。

（一级）任务二　营销过程中法律、法规的风险判断方法

一、电商企业建设与运营过程中的法律风险点

为了电子商务网络服务能合规并有序运营，首先需要了解电商企业的整个服务操作流程，以发现其中的问题和关注点，对可能出现的法律风险进行把控。电子商务建设与运营一般流程：电商企业工商税务设立→网站设计→域名申请→行政备案/审批→网站营销/网络营销→网站管理与维护→电子合同签署→线上支付→物流配送→与客户关系处理（售后及纠纷解决），电子商务实务操作中所涉法律风险主要有以下几点。

（一）网站设计

电商企业设立并开展业务，首先要有进行操作的网络交易平台，所以电商企业在预定平台开发、网站设计过程中，需要及时对委托开发事项及权利归属进行约定。根据《中华人民共和国著作权法》第十九条"受委托创作的作品，著作权的归属由委托人和受托人通过合同约定。合同未作明确约定或者没有订立合同的，著作权属于受托人"，以及《中华人民共和国计算机软件保护条例》第十一条"接受他人委托开发的软件，其著作权的归属由委托人与受托人签订书面合同约定；无书面合同或者合同未作明确约定的，其著作权由受托人享有"的相关规定，如受委托制作的网站预订系统没有明确约定权利归属的，著作权归于受托人，即网站程序开发者所有，致使电商企业存在无法拥有该网站的所有权的风险。

（二）域名申请与维护

电商企业通过互联网开展业务，所开发网站进行运营须拥有合法的网站域名、空间，应加强对电商企业域名使用权的保护，以预防域名被抢注和变异的发生。对此，中华人民共和国最高人民法院公布了《最高人民法院关于审理涉及计算机网络域名民事纠纷案件适用法律若干问题的解释》，为解决此类域名纠纷提供了基本法律依据。

（三）行政备案/审批事项

电商企业开展网上业务应依法根据《互联网信息服务管理办法》等相关规定进行备案或审批。从事新闻、出版、教育、影视、宗教等 App 互联网信息服务的主办者，在履行备案手续时，还应向其住所所在地省级通信管理局提交相关主管部门审核同意的文件。电商企业须根据实际情况进一步向管理部门确认其经营类型，及时办理相关证件或进行备案，以免因未获得许可或超出许可范围而受到有关部门的处罚，给开展网上业务造成不良影响。

（四）网站/网络营销

电商企业开展网络营销经营活动会产生很多网上交易的风险和不安全因素，除了互联网操作系统、软件等存在的安全技术风险外，交易双方的信用风险是网络营销发展中的最大障碍。网络营销是基于交易双方相互信任在虚拟空间进行的，但到目前为止，因网络用户存在匿名性的特点，可能存在用户虚假下单、用户使用信用卡恶意透支，或者以其他方式骗取企业产品、拖欠货款等风险，而电商企业将不得不承担这种风险。

（五）网站内容管理

电商企业作为服务提供者应提供规范化的网上交易服务，建立较完善的管理制度和交易秩序。对于系统安全及平台信息进行监督和维护；对于广告和信息披露应合规合法；不损害消费者利益，保障消费者的权益；对于电商企业的商业秘密或者用户信息的个人数据资料应采取必要措施进行保护，在电商企业、第三方的知识产权保障方面应制定相关制度等。网站内容是进行电子商务交易的基础，以上内容在电商企业运营过程中都可能出现法律风险，电商企业应在建设网站之初确立完善的规章制度,并在网站实际运行过程中不断加以完善以降低风险。

(六)电子商务合同中的法律问题

电子商务合同的内容可能与其他类型合同并无本质区别,但是沟通媒介不同导致其具有自身的一些特点。根据《中华人民共和国民法典》(以下简称《民法典》)的规定,当事人订立合同,可以采用书面形式、口头形式或者其他形式。同时《民法典》将数据电文纳入"书面形式"之内,规定"书面形式是合同书、信件、电报、电传、传真等可以有形地表现所载内容的形式"。"以电子数据交换、电子邮件等方式能够有形地表现所载内容,并可以随时调取查用的数据电文,视为书面形式"。所以电子商务合同属于法律认可的合同形式,电商企业经营时的电子商务合同涉及技术支持、商务合作、市场营销、认证服务合同等。但是,电子商务合同的关键问题在于需保留相关的数据证据,同时需确定合同双方的身份和合同的具体内容。另外,部分电子商务合同通常是以网站运营方提供的合同版本为基础的,本质上是一种格式合同或合同中存在大量的格式条款。此类的合同内容有可能被认定为"霸王条款"而难以如合同提供方(即电商企业)所期待的那样保障其利益。

此外,电商企业须关注网络支付的交易安全、供货情况、电子证据保存等。此外,售后及纠纷、未尽保密义务产生的纠纷、消费者权益纠纷、侵害他人知识产权纠纷、运输合同纠纷等也是时有发生,也须及时关注并加以解决。

二、"直播带货"行为主要存在的法律风险

"直播带货"能让消费者快速捕捉产品或服务信息,提升消费者的消费体验,同时也为许多优质产品打开了销路,促进社会的经济发展。但是,由于电商直播营销行业良莠不齐、缺乏监管等原因,"直播带货"引发的虚假广告、假冒伪劣商品、不正当竞争等法律问题也十分突出,给相关直播营销主体带来了许多潜在的法律风险。

"直播带货"并不是一个单一的法律行为,其可能涉及,如买卖合同的民事法律关系、价格监管的行政法律关系、发布虚假广告情节严重的刑事法律关系等多重法律关系,对于直播营销行为主要存在的法律风险可从民事、行政和刑事三个方面来进行梳理和分析。

(一)"直播带货"行为的法律风险

1. 民事法律风险

(1)侵犯消费者合法权益的民事责任风险

依据《中华人民共和国消费者权益保护法》等法律规定,商家如果欺骗、误导消费者,提供的产品或服务与直播网络购物合同约定不一致,侵害了消费者的合法权益,则应当承担修理、重作、更换、退货、退款、赔偿损失等违约责任。若直播销售员在直播过程中对产品或服务作出承诺,其也应在承诺的范围内与商家一起承担连带责任。

(2)构成不正当竞争行为的民事责任风险

依据《中华人民共和国反不正当竞争法》,商家作为商品经营者,不得对其商品的性能、功能、质量等做虚假或者引人误解的宣传,欺骗、误导消费者。如果商家违反规定,给消费者造成损害的,应当依法承担赔偿损失等民事责任。

（3）侵犯知识产权的民事责任风险

商家、直播销售员等有时为了产品或服务的销售量能快速增长，就在"直播带货"过程中销售仿冒其他知名品牌商标的产品，这种"搭便车"的行为不仅误导了消费者、侵害了消费者的知情权，同时也严重侵害了他人的商标权。针对"直播带货"中侵犯知识产权的问题，相关主体应依据《中华人民共和国商标法》等法律规定承担赔偿责任。

2. 行政法律风险

（1）电子商务违法行为的行政责任风险

《中华人民共和国电子商务法》对电子商务平台经营者等相关主体的法律义务和责任做了规定。例如，直播平台作为电子商务平台经营者，不仅应当审查商家的相关经营资质，还应当定期核验更新等。如果直播平台未履行审核义务，就属于电子商务违法行为，将面临市场监督管理部门的行政处罚。

（2）广告违法行为的行政责任风险

以虚假或者引人误解的内容欺骗、误导消费者的广告，构成虚假广告。依据《中华人民共和国广告法》规定，发布虚假广告除应对消费者承担民事责任外，商家、主播等营销主体还应承担缴纳罚款、停业整顿等行政责任。

（3）价格违法的行政责任风险

商家、主播等常常在直播中采用虚假的或者使人误解的价格手段诱骗消费者进行交易，如先抬高售价后再故意进行"限时折扣"等方式。针对"直播带货"活动中的价格违法问题，商家、主播应依据《中华人民共和国价格法》等法律规定承担限期改正、罚款、停业整顿等行政责任。

3. 刑事法律风险

（1）虚假广告罪

广告主、广告经营者、广告发布者违反国家规定，利用广告对商品或服务做虚假宣传，情节严重的，构成虚假广告罪。

（2）销售假冒注册商标的商品罪

销售假冒注册商标的商品罪，从犯罪行为上看包括两个具体行为，即假冒注册商标的行为和销售假冒注册商标商品行为。"直播带货"活动中，常常有商家、主播等销售假冒注册商标的商品且非法获利金额巨大，较易构成本罪。

（3）生产销售假药、劣药罪

在直播营销行为中，如果商家、主播等销售所含成分与国家药品标准规定成分不符的药品，可能会构成生产销售假药、劣药罪。

（4）诈骗罪

如果商家、主播等主体利用直播，以非法占有为目的发布虚假信息，骗取消费者财物的，其行为可能会构成诈骗罪。例如，主播通过抽奖、虚假承诺等方式，直接骗取消费者钱财。需要特别说明的是，即使主播并没有直接参与到诈骗行为实施的过程中，但是若主播宣传推广了诈骗信息且导致他人遭受财产损失的，那么也有可能因推广诈骗信息而被认定为诈骗罪的帮助犯。

（二）"直播带货"行为的法律风险防范建议

1. 直播内容不得含有广告法禁止的内容

直播用语不得含有广告法禁止的内容，如在对商品进行介绍时，应避免使用过分夸张的词语形容商品。例如，《广告法》第九条规定，不得使用"国家级""最高级""最佳"等用语。另外，相关推广用语所表述的内容应当真实、合法，不得含有虚假或者引人误解的内容。规范直播时的产品描述，客观公正评价推荐的商品，谨慎评价其他同类商品。

2. 主播应试用相关产品

《广告法》第三十八条规定，广告代言人在广告中对商品、服务作推荐、证明，应当依据事实，符合本法和有关法律、行政法规规定，并不得为其未使用过的商品或者未接受过的服务作推荐、证明。而主播在直播带货过程中不可避免地会对商品、服务作推荐、证明，因此应当在开播前或直播过程中进行试用，以符合法律的规定。

3. 对产品信息进行核实，避免虚假宣传

选品团队开播前要充分了解产品的基本信息、销售数据、专利信息、使用效果等内容。MCN机构可要求品牌方就产品的下列信息提供相应的说明或者证明文件：商品的性能、功能、产地、用途、质量、规格、成分、价格、生产者、有效期限、销售状况、曾获荣誉等信息，或者服务的内容、提供者、形式、质量、价格、销售状况、曾获荣誉等信息。MCN机构应设立专门岗位，负责初步审查核实品牌方提供的说明文件信息的真实性，尽到合理的注意义务。

4. 尽量避免对特殊产品进行推荐

相比其他产品，由于医疗、药品、医疗器械、保健食品、烟酒等，涉及生物医药或人体健康，所以无论是前置审批手续还是推广过程的要求均比其他普通产品高得多。MCN机构在开展商务合作时，尽量避免与敏感行业的品牌方进行合作，若必须要进行合作，应当要求其提供相关资质文件，确保其具有相应的生产、销售资质，产品已取得相应的批文，注意履行广告审批机关的审批程序，对照相应产品的推广规范拟定特定的推广、直播方案，进行合规性审查，避免产生不必要的法律风险。

5. 办理市场主体登记手续

若MCN机构或者主播自建店铺进行销售，应当符合我国《电子商务法》的规定，依法办理市场主体登记，销售商品或者提供服务应当依法出具发票等购货凭证或者服务单据，并在网店首页显著位置持续公示营业执照信息、与其经营业务有关的行政许可信息等。

6. 完善与品牌方之间的合作合同

MCN机构需要视情况对品牌方进行一定的背景调查，关注品牌方的资信情况、带货产品的合规问题，要求品牌方提供相应的资质证明文件和资料，避免出现违反法律法规规定、侵犯第三方权益的情况。良好的产品及口碑也会帮助塑造网红带好货的形象及口碑，不至于"带货翻车"。

同时，MCN机构应安排专门的法务人员或律师认真起草和审查合作合同，对双方的利润分配模式（一口价、基础费用加提成或者按照直播收看人数等）、产品责任划分（如果所销售的产品存在质量问题或造成消费者损失，由谁承担最终责任）、优惠券结算（以优惠券计算服务费时明确以张数还是每单销售额；以GMV计算佣金明确不含退换货订单；ROI计算方式和退还方式，必要时以公式举例说明）、知识产权归属等易产生争议的问题，提前做

好约定，以免影响自身的利益以及与品牌方的友好合作关系。

7. 依法纳税

税收关乎国之大计、关乎民生。积极纳税是我们每一个公民的义务。MCN机构及主播不可存侥幸心理，互联网绝非法外之地，法律红线不可触碰。MCN机构和主播应进行充分的自查分析，评估个人及企业历史交易的税务风险。如发现问题，及时与主管税务机关进行积极有效的沟通，做好自查补税方案进行自查补税，以尽可能减少对企业及自身的影响。

（三）结语

直播带货作为新兴行业，经历了一段时期的野蛮生长之后，正面临着监管的到来。直播带货有与其他行业共通的法律风险，更有其业务模式及上下游的特殊风险。在共同富裕的价值导向下，MCN机构和主播在向前一路狂奔的同时，自身的合规问题必须引起足够的重视，应将目光聚焦于新业态的法律风险防控，才能走得更稳、更长远。

（二级）任务三　团队协作风险的预判方法

直播团队在直播中，可能主要存在以下几类风险。

（一）内容风险

直播打造"好内容"的同时也带来了一些不合法现象，以及出现同质化直播内容，致使直播平台产生内容运营风险。另外，在"内容为王"的时代，色情、暴力、低俗等内容或许在短时间内可以引来用户的关注，但是从长远发展的角度来看，存在着巨大的法律风险，也不利于直播电商的长期发展。

（二）产品风险

产品风险分为产品价格风险和产品质量风险。

1. 产品价格风险

在直播时，直播销售员经常会强调产品原价与折扣价之间的幅度。原价一般指产品上市之日原厂售价，即出厂标价。但这个价格很有可能会标得虚高，从而使折扣力度显得很大。在直播电商实践中，不少直播销售员存在"虚构原价"等问题。

2. 产品质量风险

产品质量包括外在质量和内在质量，外在质量指产品的造型、工艺、色彩等；内在质量指产品的性能、使用的安全性等。

（三）供应链风险

一般直播供应链包括：品牌定位—定款—定数量—定价—直播—发货—售后。

如果品牌方不能为消费者提供快速的品牌供应，会极大地降低消费者满意度，而快速响应对于供应链的体量、生产能力、发货能力、物流速度等都提出了较高的要求。因此，主播在直播之前其团队应先进行直播销量的预测,但如果把直播销量预测过高,库存过大也会造成巨大的资金压力。

（四）售后风险

在直播低价产品的促使下,消费者容易被激起购物冲动,从而带来了因产品质量、尺寸等因素造成退换货的售后问题。

（五）人员变动风险

直播团队人员的变动很可能会给直播带来影响,使得直播效果大打折扣。

（二级）任务四　风险应对计划的制订方法

一、风险应对计划制订

风险应对计划是组织在面对不确定性和风险时采取的措施和行动方案,旨在降低或规避潜在的风险对组织目标和项目的影响。以下是风险应对计划的制订方法。

（一）风险识别与评估

对组织面临的风险进行全面的识别和评估。识别可能的风险事件,对其概率和影响进行评估,确定风险的优先级和重要性。

（二）制订风险应对计划

根据风险的性质和优先级,制订相应的风险应对计划。常见的应对计划包括规避、减轻、转移、接受或组合应对。

（三）规避风险

对于高风险且难以控制的风险,可以采取规避策略,即避免参与可能带来风险的活动或决策,以降低潜在风险的发生概率。

（四）减轻风险

对于无法完全规避的风险,可以采取减轻策略,通过采取措施降低风险发生的可能性和影响程度。

（五）转移风险

将部分或全部风险转移给其他方,如购买保险或与合作伙伴达成协议,以减轻自身承担的风险。

（六）接受风险

对于某些低风险或难以避免的风险，可以选择接受，即接受风险可能带来的影响，并在风险发生时做好应对措施。

（七）制定应急预案

针对关键风险事件，制定详细的应急预案，确保在风险发生时能够迅速响应和处理，减少损失。

（八）沟通与培训

与制订风险应对计划的相关人员进行充分沟通，并开展培训活动，确保他们能够顺利执行计划。

（九）监控与更新

定期监控风险的情况，根据实际情况对风险应对计划进行及时更新和调整，确保计划的有效性和适应性。

（十）记录和总结

对风险应对计划的制订过程进行记录和总结，以便未来面对类似风险时能够借鉴经验。综合考虑以上方法，制订风险应对计划需要全面分析和综合考虑各种风险因素，确保制订的应对策略和措施能够真正降低风险带来的影响，保障组织的安全和可持续发展。

二、直播团队风险规避

直播团队在组建过程中，要注意规避来自人员变动所带来的风险。

（一）直播账号身份认证、手机绑定

直播账号一定不要绑定公司临时员工的身份证号和手机号，要绑定公司稳定员工的，或直接以公司名义注册账号。

（二）出镜人员工作单一性，避免总揽大权

最不应出现的情况是所有的工作均由直播销售员一个人做，对公司来说这不是好事，因为直播销售员如果自己全干了，难免不会在账号起量之后另立门户，带着资源走人。

（三）签订合同，维护公司的利益

直播团队的员工或是专门招聘的演员，在签合同的时候另外起草一份直播销售员专用的合同。

（三级）任务五　直播留人的策略

直播间是否能留得住人不仅会影响直播的人气，还会影响直播的收益。因为直播用户数直接关系到流量的转化，所以直播销售员要想办法把用户留在直播间。

（一）固定直播时间

断播对于账号的影响比较大，断播以后会有一个明显的流量衰减期，因此想要做好直播就一定要固定直播时间，可以坚持每天开播，连续每天打卡直播，以增加账号的权重。

（二）做好直播预告

发预告不仅是为了提醒下期预告时间，更重要的是帮助用户提前了解直播内容。一个能清晰描述主题和直播内容的预告，也有利于平台挑选出好的直播内容进行主题包装推广及扶优操作。同时，在预告中上传在直播中要分享的商品，将有助于平台对直播内容进行精准的用户匹配，获得更精准的用户流量。

（三）吸引人的直播间封面

一张好的封面图包含以下标准：首先图片要清晰，上传到平台经过压缩后不能有噪点；其次光线要明亮，不能过于暗淡，鲜艳一点的图片总是会吸引人的注意；最后拍摄的主体要突出，主题要明确。

（四）话题互动

直播间的"黄金3秒法则"就是直播销售员在3秒的时间内抛出一个吸引人的话题，留住用户。

（五）举办粉丝活动

为了打通虚拟与现实之间的隔阂，让直播社群用户的交流更进一步，就需要举办线下的互动活动。线下聚会能让用户和直播销售员近距离接触。聚会的同时，企业的运营团队可以借机邀请用户试用新品，反馈建议，回馈用户，增加用户归属感和参与感。

（六）有价值的内容

用户观看直播的最主要的动机之一就是为了满足自身的某种特定需求。这些需求或是针对产品，或是针对服务，或者只是为了娱乐。不论哪种需求，用户都想从直播中获取有价值的内容。因此，要让用户明确知道，直播间产品是不是超低价，性价比高不高，有哪些优惠，等等。

（七）福利诱惑

利用各种福利、抽奖活动留住意向用户。

根据直播间用户人数的变化和直播成熟度的提升，可适当地调整和更新直播留人技巧和话术，给用户带来一些新鲜感，以保持直播间的长期平稳发展。

（三级）任务六　直播风险应对

在直播过程中，难免会出现一些失误或风险。以下是针对直播风险的一些应对方法和建议。

一、直播出现失误

直播遇到失误，几乎是所有直播销售员都会遇到的场景。说悄悄话忘记关麦、忘了准备好的台词、说错品牌方的名字……出现这些失误时可采用以下方法应对。

（一）迅速解决，转移视线

一旦发现失误，直播销售员要做的第一件事情就是迅速解决。装成完全不知情不是好的选择。视频直播的特点在于即时互动，大量的弹幕会短时间内刷屏，直播销售员寄希望于没人发现显然是不可能的。

（二）将错就错解决失误

直播销售员最应该学习的人是电视台主持人，一位在主持界鼎鼎有名的前辈，在某次某品牌的水立方发布会上遇到一位老总在上台时不小心跌入水中的情况，被现场工作人员救上来时老总全身还滴答着水，主持人立刻机智地说："遇水则发！"巧妙地化解了这次尴尬。

（三）线下再次道歉

对于比较严重的直播失误，即使直播销售员做出了有效的处理，但为了避免时间发酵形成互联网负面效应，直播销售员还应该在直播后再次道歉。

二、粉丝提问敏感话题

直播销售员与粉丝的聊天看似欢乐，但在很多直播销售员看来，或许更像是一场你来我往的见招拆招。这样的过程中，敏感话题是每位直播销售员都必须面对的困局。涉及隐私等敏感问题，直播销售员要学会避开，顾左右而言他。

（一）兜圈子

有时候粉丝的问题过于尖锐，直播销售员不想正面回答，可以选择避重就轻。

（二）偷换主题

面对难以回答的敏感话题，直播销售员也可以绕开去谈其他相关的话题。比如，婚姻话题可以变成闺蜜话题。

（三）还施彼身

粉丝提出敏感话题时，直播销售员也可以将敏感话题还回去。

三、粉丝说错话被攻击

粉丝在观看直播的时候往往处于完全放松的状态，这时难免会有粉丝一时口快说错了话，导致直播间氛围变得尴尬。

（一）转移话题

在粉丝说错话时，直播销售员可以主动转移话题，用一些轻松、愉快的话题来活跃气氛，缓和尴尬的局面。

（二）给台阶下

当粉丝说了不合时宜的话，直播销售员也可以换个角度或找个借口帮粉丝解释，让粉丝有台阶可下。

四、身体出现异常

多数直播销售员几乎365天不打烊，每天都会定时进行直播，坚持这么高强度的直播身体不可避免地会在某一天出现异常。

（一）轻微身体不适

如果直播销售员出现身体轻微不适，不影响接下来的活动，那么可以引导粉丝先观看视频或听歌，在这个过程中迅速调整自己，如坐下来休息、喝水、吃药等。在直播开播前，直播销售员及团队一定要做好应急方案，准备好一些电影片段、个人电子写真集等。

（二）明显不适

如果直播销售员的身体出现明显不适，可能会对接下来的直播产生影响，那么不妨试试中场休息，利用5~10分钟的时间调整自己的身体状态，缓解身体的异常情况。并与粉丝解释这件事情，如实说明身体症状，以获得粉丝的理解。

（三）严重不适

当身体出现严重不适，无法继续直播的时候，直播销售员应当说明情况、表达歉意，及时停止直播。如果直播销售员有助理，可以让助理协助粉丝进行情绪引导工作。例如，让助理发布公告说明，表示本场直播结束。此外，临时结束直播后，直播销售员或团队一定要在社交平台及时说明原因，避免因粉丝的各种猜测影响自己的形象。

习题

一、选择题

1. 电脑断网的原因是（　　）。
   A．运营商问题　　　　　　　　　　　B．硬件问题
   C．电脑网络设置问题　　　　　　　　D．网卡驱动问题
2. "直播带货"行为存在的主要法律风险有（　　）。
   A．民事法律风险　　B．行政法律风险　　C．刑事法律风险
3. 直播团队在直播中，可能存在以下风险（　　）。
   A．内容风险　　　B．产品风险　　　C．供应链风险　　　D．售后风险
4. 直播电商风险管理的流程为（　　）。
   A．制订风险管理计划　　　　　　　　B．风险识别
   C．风险评估　　　　　　　　　　　　D．风险控制
   E．风险监控
5. （单选）合同中"书面形式是合同书、信件、电报、电传、传真等可以有形地表现所载内容的形式。"是哪部法律规定的？（　　）
   A．《中华人民共和国电子签名法》　　B．《中华人民共和国民法通则》
   C．《中华人民共和国民法典》　　　　D．《中华人民共和国拍卖法》
6. 直播风险防范要素有：环节设置、（　　）和平台资质。
   A．主持词审核　　B．弹幕监控　　　C．侵权检查　　　D．软硬件测试

二、问答题

1. 详细介绍电子商务建设与运营一般流程。
2. 分析产品风险两种类型的区别与联系：商品价格风险和商品质量风险。
3. 阐述直播供应链的6个步骤。
4. 举例分析直播电商中消费者的风险防范措施。

| 项目四 |

直播准备

【项目导读】

直播已经成为商家营销的一个必要渠道,随着移动互联网的日益发展,各大行业基本上已经普及网络,直播也已经成为炙手可热的话题。直播的便利性使得直播进入门槛较低,但是想要从千篇一律的直播中脱颖而出,还需要做好功课。

本项目将从直播流程操作入手,介绍直播间的搭建技巧,媒介传播的方法及营销效果的评估方法,如何进行个人品牌的塑造和编制销售目标,最后介绍如何进行用户管理和提升消费者的购买率。

【项目目标】

1. 能建立直播销售规范流程
2. 能制定主题直播间搭建方案
3. 能制定个人品牌方案
4. 能制定多媒介传播计划
5. 能对营销效果进行评估
6. 能制定直播用户管理方案
7. 能制订提升用户购买率的计划

(一级)任务一 直播流程操作步骤

在开展直播前,直播团队需要对直播的整体流程进行规划和设计,以保障直播能够顺利进行,确保直播的有效性。

一、做好直播宣传规划

为了获得良好的直播效果,在直播活动开始之前,直播团队需要做好直播活动的宣传。

(一)选择合适的媒体平台

不同的用户喜欢在不同的媒体平台上浏览信息,直播团队需要分析目标用户群体的上网行为习惯,选择在目标用户群体经常出现或活跃的平台发布直播宣传信息,为直播尽可能多地吸引目标用户。

(二)选择合适的宣传形式

选择合适的宣传形式是指直播团队要选择符合媒体平台特性的信息展现方式来推送宣传信息。例如,在微博平台上,直播团队可以采用"文字+图片"的形式,如图 4-1 所示,或"文字+短视频"的形式,如图 4-2 所示,来宣传直播活动;在微信群、微信朋友圈、微信公众号等微信平台中,直播团队可以通过九宫格图、创意信息长图来宣传直播活动,如图 4-3 所示;在抖音、快手等平台上,直播团队可以通过短视频来宣传直播活动。

图 4-1　微博平台上"文字+图片"式宣传　　图 4-2　微博平台上"文字+短视频"式宣传

(三)选择合适的宣传频率

在新媒体时代,用户在浏览信息时自主选择的余地较大,用户可以根据自己的喜好来选择自己需要的信息。因此,如果直播团队过于频繁地向用户发送直播活动宣传信息,很可能会引起用户反感,导致其屏蔽相关信息。为了避免这种情况的出现,直播团队应在用户能够承受的最大宣传频率基础上设计多轮宣传。

二、筹备直播

为了确保直播的顺利进行,在开始直播之前直播团队需要做好各项筹备工作,包括选择直播场地、筹备并调试直播设备、准备直播物料,以及主播自身准备等。

(一)选择直播场地

直播的场地分为室外场地和室内场地。常见的室外场地有公园、商场、广场、景区、游乐场、商品生产基地等，常见的室内场地有店铺、办公室、咖啡馆、发布会场地等。直播团队要根据直播活动的需要选择合适的直播场地，选定场地后要对场地进行合适的布置，为直播活动创造良好的直播环境。

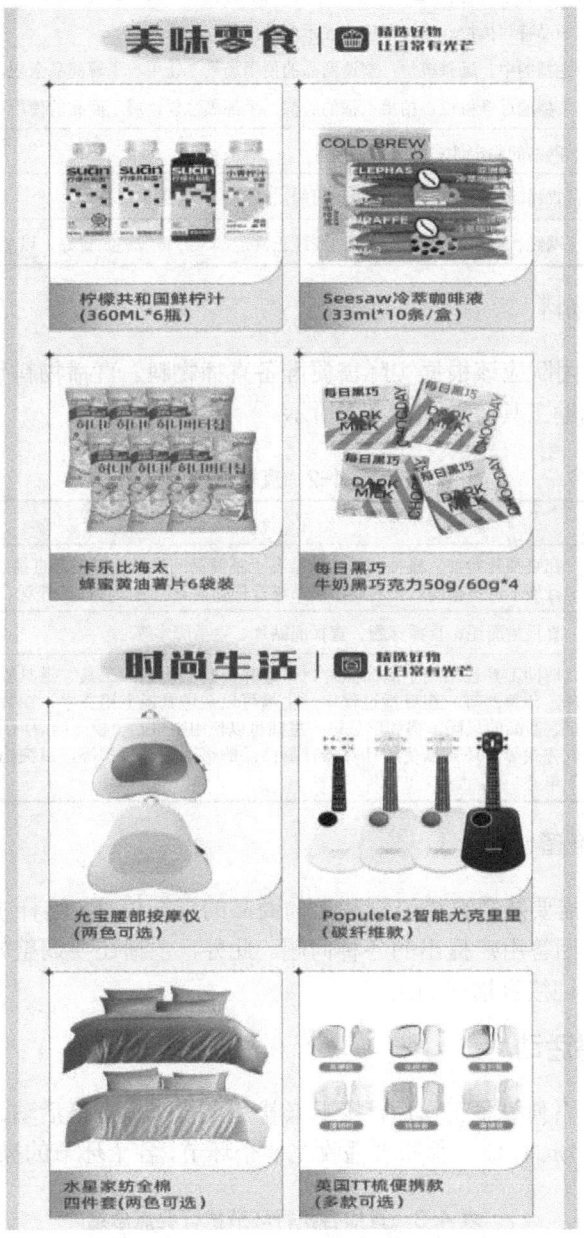

图4-3　微信平台上创意信息长图式宣传

（二）筹备并调试直播设备

在直播筹备阶段，直播团队要将直播使用到的手机、摄像头、灯光、网络等直播设备调试好，防止设备发生故障，以免影响直播活动的顺利进行。

直播设备的调试主要包括4项内容，如表4-1所示。

表 4-1 直播设备的调试

设备的调试	说 明
机位的设置	在直播过程中,有时需要全景画面,有时需要近景画面,有时需要特写画面,为了保障画面的成像效果,直播团队需要设置多机位。一般来说,直播间设置的机位主要有以下 3 种。 ① 商品特写机位:以特写镜头展示商品细节; ② 主播的中、远景机位:塑造商品的使用场景,让用户了解商品全貌,为用户营造代入感; ③ 主播的近景机位:拍摄主播的脸部、手部等位置,展示商品的使用过程
网络测试	测试网络的稳定性和网络传输速度
直播间测试	测试直播间的进入渠道、直播画面的清晰度、声音采集效果等
线缆的连接与归置	确保网线、电源线等各个设备的线缆正常连接,并将线缆归置好,以免给人员行动造成障碍

(三)准备直播物料

直播之前,直播团队应该根据实际需要准备直播物料。直播物料包括商品样本、直播中需要用到的素材及辅助工具等,如表 4-2 所示。

表 4-2 直播物料

直播物料	说 明
商品样品	在直播开始前,直播团队应该准备上播商品的样品,以便在直播过程中主播能够快速地找到并进行展示,直播团队要对商品样品进行仔细检查,包括样品的外观、型号和款式等
直播中需要用到的素材	直播封面图、直播标题、直播间贴片、直播脚本等
辅助工具	辅助工具包括线下商品照片、做趣味实验要用到的工具、道具板、手机、平板电脑、电子大屏、计算器等。在直播过程中,主播可以在道具板上用文字、图片的形式展示主播的身高、体重、商品的尺码、福利信息等;主播可以使用手机、平板电脑等向用户展示商品卖点、优惠券领取方式等,还可以使用计算器计算商品的组合价、折扣等,以突出商品的价格优势,刺激用户下单

(四)主播自身准备

在开播前,主播需要熟悉直播流程和上播商品的详细信息,这样主播才能在直播中为用户详细地讲解商品,回答用户提出的各种问题。此外,主播还要调整好自身状态,以积极的态度和饱满的热情来迎接直播间的用户。

三、执行直播活动

做好直播前的一系列筹备工作后,接下来就是正式执行直播活动。直播活动的执行可以进一步拆解为直播开场、直播过程和直播收尾 3 个环节,各个环节的操作要点如表 4-3 所示。

表 4-3 直播各执行环节执行要点总结

执行环节	操作要点
直播开场	通过开场互动让用户了解本场直播的主题、内容等,使用户对本场直播产生兴趣,并停留在直播间
直播过程	借助营销话术、发红包、发优惠券、才艺表演等方式,进一步加深用户对本场直播的兴趣,让用户长时间停留在直播间,并产生购买行为
直播收尾	向用户表示感谢,预告下场直播的内容,并引导用户关注直播间,将普通用户转化为忠实用户;引导用户在其他媒体平台上分享本场直播或本场直播中推荐的商品

四、直播活动的二次传播

直播结束并不意味着整个直播工作的结束。在直播结束后,直播团队可以将直播活动的视频进行二次加工,并在抖音、快手、微信、微博等平台上进行二次传播,最大限度地放大直播效果。为了保证直播活动二次传播的有效性和目的性,直播团队可以从以下三个步骤来制订直播活动二次传播计划。

(一)明确目标

制订直播活动二次传播计划,首先要明确实施传播计划要实现的目标,如提高品牌知名度、提高品牌美誉度、提高商品销量等。需要注意的是,直播活动二次传播计划要实现的目标并非是孤立的,而应当与商家制定的整体市场营销目标相配。

(二)选择传播形式

明确传播目标以后,直播团队要选择合适的传播形式将直播活动的二次传播信息发布到网上。目前常见的传播形式有直播视频传播、直播软文传播两种,直播团队可以选择其中一种传播形式,也可以将两种传播形式组合起来使用。

1. 直播视频传播

直播活动二次传播视频的制作包括录制直播画面、直播画面浓缩摘要和直播片段截取3种方式,以下主要讲述前两点。

(1)录制直播画面

直播团队可以将直播画面全程录制下来,也就是说,直播团队一边做实时画面的直播,一边录制。这样视频直播完成后,就可以用录制的文件来制作直播回放视频,错过实时观看直播的用户可以通过观看直播回放视频来获取直播内容。直播团队在制作直播回放视频时,可以为其添加上片头、片尾、名称、主要参与人员等信息,并为其设置统一的封面图,以增强直播回放视频的吸引力。

(2)直播画面浓缩摘要

直播画面浓缩摘要的制作逻辑与电视新闻的制作逻辑基本相同,即直播团队将直播画面录制下来后,删除那些没有价值的画面,选取关键的直播画面制作成视频,并为视频画面添加旁白或解说。

2. 直播软文传播

直播软文传播就是将直播活动的细节撰写成软文并发布在相关媒体平台上,用图文描述的形式向用户分享直播内容。直播团队撰写直播软文时,可以从分享行业资讯、观点提炼、分享主播经历、分享体验和分享直播心得等角度切入。

(三)选择合适的媒体平台

确定了传播形式以后,直播团队要将制作好的信息发布到合适的媒体平台上。如果是视频形式的信息,可以选择发布到抖音、快手、秒拍、视频号、腾讯、爱奇艺、微博等平台上;如果是软文形式的信息,可以选择发布到微信公众号、知乎、百家号等平台上。

五、直播复盘总结

直播复盘就是直播团队在直播结束后对本次直播进行回顾，评判直播效果，总结直播经验教训，为后续的直播提供参考。直播复盘总结包括直播数据分析和直播经验总结两个部分。直播数据分析主要是利用直播中形成的客观数据对直播进行复盘，体现的是直播的客观效果。

直播经验总结主要是从主观层面对直播过程进行分析与总结，分析的内容包括直播流程设计、团队协作效率、直播销售员现场表现等，直播团队通过自我总结、团队讨论等方式对这些无法通过客观数据表现的内容进行分析，并将其整理成经验手册，为后续开展直播活动提供有效的参考。

（四级）任务二　直播间搭建技巧

一、直播场景装饰

直播场地一般为 $8\sim20m^2$，隔音和回音都需要提前测试，尽量不选择隔音较差或回音太重的场地，以免影响直播的效果。

（一）背景设置

直播场地背景应以浅色为主，可以使用墙纸或幕布，材质以吸光面料为宜，尽量不要选择白色或反光的墙纸。在面积较大的直播场地，可以放置背景板，如图 4-4 所示，还可以使用虚拟背景图来增加直播间的纵深感和空间感。

图 4-4　背景设置（放置背景板）

（二）前景陈列

直播销售员在直播时，良好的前景陈列不仅可以凸显产品特性，还可以吸引消费者关注。前景陈列一定要简洁、整齐，避免简单地堆砌，尤其需要注意两个方面的内容：一方面，前景陈列时应避免直播软件的功能键遮挡产品或提示牌，并在直播前提前调整合适的画面位置；另一方面，前景陈列时应从展示产品细节角度出发，特别是对有不同的最小存货单位（SKU）的同一产品，要尽可能向消费者展示全部存货，如图 4-5 所示。

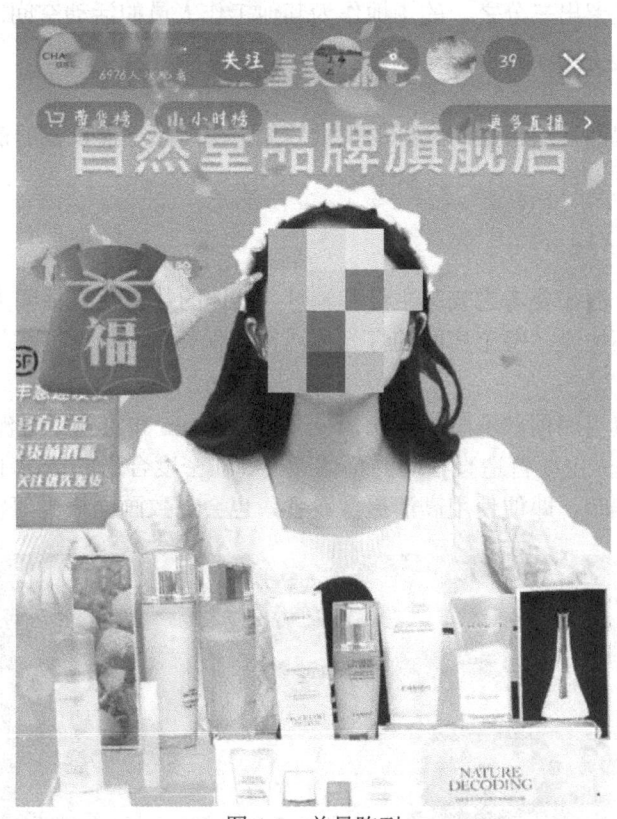

图 4-5　前景陈列

二、直播空间规划

直播场地的空间需要提前进行分区，一般分为设备摆放区、产品陈列区和后台工作区三个区域。

（一）设备摆放区

设备摆放区需根据设备大小和种类而定，以呈现最佳的直播画面效果为布置标准。如果主要设备的摆放位置基本固定，可以做好位置标记，以便后续直播的开展。设备摆放位置确定后，如果直播中展示的产品类别不发生大的变化，不要轻易变动，以免重复调试设备，影响直播效率。

（二）产品陈列区

有序的产品陈列可以使直播间的空间得到合理利用，并提升直播间的品位。产品陈列区需尽量靠近直播销售员的活动区，以便于直播销售员取用、展示货品，但需注意不要遮挡直播画面。

（三）后台工作区

直播中可能需要其他工作人员配合，一般的直播销售后台需要安排一名助理和一名直播运营辅助人员，建议留出三分之一的场地作为其他工作人员的活动空间。

三、直播灯光布置

合理的灯光布置能营造直播间良好的视觉效果，在同样直播设备的前提下，还可以使直播画面更加清晰。

（一）灯光布局技巧

直播间装修时一般需要考虑安装主灯和辅灯，具体的数量视直播间大小而定。尽量使用柔和的光线来营造环境光，整个房间的灯光色温需要保持统一。

1. 环境光

环境光指的是直播间顶部安装的灯源，一般以每30cm布置一个灯源的密度进行排列，如图4-6所示。环境光主要营造直播间的整体亮度、在密度合适的情况下，可以确保视频的清晰度。如果光线偏暗、即便使用高清摄像设备，也会导致画面模糊等情况。

图4-6 环境光

2. 主光源

主光源一般放置于摄像头后方，是直播时重点照亮产品和直播销售员的光源。主光源设备可根据展示产品需要的环境氛围、直播销售员的个人气质等因素进行选择。常用的主光源设备包括环形灯、LED可调节灯和射灯。根据环境光及产品的不同，可以放置不同数量的主光源设备，具体根据自身需求确定。

（1）环形灯

环形灯一般适配大多数的数码相机和手机，适用于特写人像和产品。将拍摄设备放置在环形灯的正中央，可以让照片曝光均匀，减少阴影。环形灯如图4-7所示。

（2）LED可调节灯

LED可调节灯散射度，使补光面积更大、光线更柔和，亮度和色温也都可以调节，如图4-8所示。

（3）射灯

射灯的作用是为直播销售员补光，并通过不同层次和重点的打光，提升直播空间的立体感和突出直播中需要重点关注的要素，如图4-9所示。

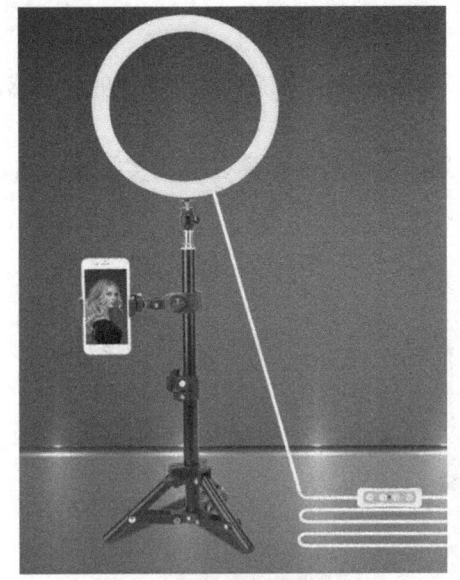

图4-7　环形灯

图4-8　LED可调节灯

图4-9　射灯

在选择上述光源设备时，应重点关注色温标准。目前，市场上较常见的灯光色温标准主要有小于3300K、3300～5300K、大于5300K三类。针对不同的产品类目，应考虑使用不同的灯光色温，具体如表4-4所示。

表4-4　不同产品的灯光色温选择

灯光色温	适用产品	营造效果
小于3300K	美食	一般用于营造家庭、酒店、咖啡馆等温馨环境
3300～5300K	服饰（民族风、田园风），家居，美妆（生活妆），珠宝（蜜蜡）	一般用于营造温馨气氛
大于5300K	服饰（欧美极简、日系小清新），美妆（显色），珠宝（翡翠、钻石）	适用范围较广，基本都可运用

（二）画面构图技巧

直播的整体画面受限于直播间面积的大小，可能达不到预期的效果，可以运用一些简单的构图技巧来实现较好的直播间场景效果。

1. 景深设计

根据直播间的面积大小，通过改变视觉焦点、制造合适的景深来实现舒适的画面感。

（1）小空间的景深

针对空间较小的直播间，可以运用墙角拉长景深，让画面距离显得比实际长一些，如图4-10所示。

图4-10　运用墙角拉长景深

（2）背景陈列的景深

把直播间物品分层次摆放，如前景、中景、后景有不同物品，层层叠加，让人产生更强的空间感，如图4-11所示。

图4-11　运用层次增加空间感

(3) 空间较大或背景较深的直播场地

在设置拍摄位置时,可以在墙角放置一些海报、展架等背景物,拉近观众视线,使得视频画面可以更好地聚焦在直播销售员身上,从而让观众获得更舒适的视觉感受,如图 4-12 所示。

图 4-12 用背景物提升视觉感受

2. 构图比例设计

构图比例设计可以更好地展示产品,使观众获得更好的视觉体验。在搭建直播场景时,需要根据不同产品的特点来设计构图比例,并在此基础上调整拍摄位置及布光。

(1) 常规构图法

一般美食、美妆类目直播画面的构图比例较为固定。美食直播为了凸显食物,调动消费者食欲,通常采用居中构图、对角线构图等常见构图法。对角线构图法是指让主体沿画面对角线方向排列,旨在表现出动感、不稳定性或生命力等感觉,对观众而言,画面更加舒展、饱满,视觉体验更加强烈。为了更好地展示直播销售员的面部特点,美妆直播通常采用三分构图法。三分构图法也称井字构图法,是将场景用两条竖线和两条横线分割,可以得到 4 个交叉点,将画面的重点放置在 4 个交叉点中的任意一个即可,如图 4-13 所示。

图 4-13 三分构图法

(2) 主体移动的构图法

服装直播需要直播销售员在走动过程中展示产品,为了保证画面效果,应尽量在相对固定的范围内走动。这个范围不宜离镜头太远，也不宜离镜头太近，既要确保观众能看清产品细节，也要避免给屏幕前的观众以压迫感。最佳的画面效果是直播销售员头顶上方留有一定空间，画面中可完整展现直播销售员身上的服装产品。

观众对直播间的第一印象对主播来说是非常重要的，直播间颜值高、布置合理，给人第一印象好，观众就愿意多停留，可以提升用户对于直播间的关注度，能够增加用户下单购物的机会，从而实现销售变现。直播间的搭建过程中，每个细节部分都会影响到整体的直播观感，所以直播运营团队一定要认真进行直播场景的搭建工作。

> **小贴士**
> 直播间应急安全知识。
> ① 经常对直播间电源线路、接头和开关进行检查，如发现裸露、松动或老化等情况要及时维修，不私拉乱接电线，不超负荷用电。
> ② 直播间内，货物应该与直播区域保持一定的安全距离，不要在货物堆放地吸烟及使用明火做饭，禁止占用疏散通道，时刻保持安全出口畅通。
> ③ 定期检查、维护保养灭火器等消防器材，同时加强消防安全管理，定期开展消防安全培训，提升从业人员逃生自救技能。
> ④ 电器起火应先切断电源后再灭火，以防触电，切勿用水直接灭火。

（四级）任务三　媒介传播的方法

在理清直播宣传关键点后，直播团队需要将宣传与引流落实到具体的细节当中。直播前期引流的细节执行主要包括两部分：第一是引流物料的筹备，包括图片、文字、H5等；第二是引流渠道的组合，将引流物料布局在自媒体平台、视频网站、问答网站等。引流物料包括海报、视频、H5、文案等，物料根据直播具体内容来设计，一般需在引流宣传开始前三天就绪。

常见的引流渠道或方法包括硬广引流、软文引流、视频引流、直播引流、问答引流、线下引流等。

一、硬广引流

硬广是硬广告的简称。直播团队可以利用官方媒体平台，直接进行直播宣传推广。常见的官方媒体平台包括官方网站、认证微博、官方微信公众号等。由于官方媒体平台属于企业的自有媒体，因此可以直截了当地将直播时间、直播账号、参与嘉宾、抽奖与惊喜等详细列出，完整地告知粉丝，并邀请其传达给自己的亲朋好友。

二、软文引流

与硬广告相比，软文突出一个"软"字。从用户角度出发，在标题、开头、正文等部分是看不出任何广告的迹象，阅读到结尾后才能发现直播的宣传信息。软文引流需要注意两个细节，第一是相关性，软文需要投放到目标用户活跃的平台或账号，否则推广效果就会大打折扣；第二是目的性，虽然是软文，但需要在文末引导用户点击直播间网址或下载直播软件。

三、视频引流

视频之于文章，正如电视节目之于报纸。由于视频比文章更容易理解，降低了受众的认知门槛，因此越来越多的企业开始利用视频进行宣传推广。当前人们普遍生活节奏变快，没有一个小时以上的完整浏览时间，所以短视频尤其受到用户的喜欢。在新浪微博、今日头条等平台，优秀的短视频可以达到上百万甚至千万级曝光量。

四、直播引流

直播平台通常有"推送""提醒"或"发布"功能，直播开始时，可以将直播消息直接推送给关注直播间的粉丝。因此，在直播开始之前，企业可以在同一直播平台进行预热，一方面鼓励观众关注直播间，积累原始粉丝；另一方面调试软件与硬件，争取在直播正式开始前达到最佳状态。

五、问答引流

传统的问答网站包括百度知道、搜狗问问等，用户可以在问答网站获得想知道的答案，企业也可以借助问答网站，更好地回答网友问题，同时为企业做宣传。除了以上传统问答网站外，知乎问答、头条问答、果壳问答等，也都可以作为企业宣传与引流的渠道。例如，手机新品推广的直播，在开始前可以在问答网站回复"请推荐一款好用的手机""哪款手机屏幕比较大"等问题，在友好回复的同时宣传直播，引导网友前往直播间。

六、线下引流

虽然直播营销属于新媒体营销的一部分，但传统渠道的引流效果也不容小视。如果企业有线下的渠道，如产品体验店、营业厅、线下门店等，完全可以借助线下渠道，以海报、宣传单等形式，宣传直播内容，引导线下消费者关注直播。

（四级）任务四　营销效果的评估方法

营销效果分析的目的，主要是为了改进营销手段和方法，促进直播的精准营销。因此，数据的分析在营销效果评估当中就显得尤为重要，并且评估的维度也应该是多方面的，主要包括以下内容和方法。

一、活动效果评估

（一）当日访问用户数

可进一步观察这些用户的操作系统、地域、年龄、活跃时间等属性。

（二）召回（因为活动访问的沉默用户）数（率），即营销用户中的日活用户占总日活用户的比例

召回率可评估营销方案的触达效果：召回率与历史营销的一般水平对比，如果低于历史

水平，可以先分析不同营销组、不同用户群的召回率，再针对不同组寻找召回率偏低的原因。另外，由于营销效果的衰减效果非常明显，所以活跃用户只统计当日访问用户。

二、成交效果评估

（一）营销精准度

1. 成交用户数

成交用户数即营销用户中成交用户的数量，可进一步观察这些用户的操作系统、地域、年龄、活跃时间等属性。

2. 营销用户精准率

营销用户精准率=有活动行为的营销用户÷有活动行为的总人数。

该比例可客观反映营销用户是否是活动目标用户；若此比例低于历史营销活动平均值，说明营销用户与活动匹配度不高，还需进一步分析不高的原因。

3. 营销用户转化率

营销用户转化率=营销成交用户÷营销召回用户。

该转化率可直接与其他参与活动的非营销用户转化率做对比，一般应高于非营销用户；若该比例偏低，同样需要分析营销用户与活动匹配度。

（二）营销贡献度

1. 营销用户成交额

营销用户成交额即营销用户订单成交金额。

该成交额反映营销实际产生的价值；可根据操作系统、地域、年龄分布、活跃时间等内容进一步观察参与活动用户成交金额分布；可建立漏斗追踪营销用户成交路径中每一步的转化率，并通过适时进行二次营销，引导交易完成。

2. 营销金额贡献度

营销金额贡献度即营销用户金额在活动总金额的占比。

该比例一般应该与用户占比持平，如果该比例超过用户占比较多，说明此次营销筛选触达用户数据中相对高质量的用户，可通过用户属性进一步分析研究，了解优质用户属性；如果该比例用户占比低很多，说明营销用户个人购买能力较弱，可结合实际客单价情况，考虑后续是否增加相应购买能力限制的条件。

3. 营销人数贡献度

营销参与人数在总活动人数的占比。

三、渠道推广分析

（一）整体观察渠道带来的用户数及收益情况

基础维度是渠道能带来多大用户规模，可通过渠道成交的用户数及渠道转化率来评估。

渠道用户量大，说明渠道引流效果好；渠道注册用户量大、转化率高，说明渠道获取的新用户与目标人群定位比较符合；渠道能否带来实际收益是推广的最终目的，可通过渠道销售总额、人均消费额（客单价）等指标来衡量；由于受投放费用、渠道本身属性的影响，各渠道获取流量的能力不同，为消除用户基础的影响，需要分析转化率。

（二）对各渠道的转化效果进行细致分析

若付费转化率、人均消费金额都高，说明渠道推广效果好，可结合获客成本、ROI 等指标判断是否继续推广。若付费转化率低，可通过分析人均使用次数、人均使用时长、平均访问深度、留存等指标考察用户质量。如果用户质量类指标差，需要先排查是否存在作弊流量，再考虑 App 产品的优化；如果用户质量类指标好，说明用户对产品本身满意度较高，可结合漏斗分析模块挖掘哪些环节影响了付费转化。若人均消费金额低，反映渠道的首要贡献能力低，需要结合 ROI 判断是否调整投放预算。

（四级）任务五　个人品牌塑造方法

当前直播销售的市场日趋火热，越来越多的商家开始做起了直播销售，那么主播怎样才能够更好地吸引及留存粉丝，怎样才能实现商品销售额的持续增长？这就需要主播打造好自己的个人品牌。个人品牌能够帮助主播发挥自己独有的魅力，提升主播影响力，提升粉丝的忠诚度，这对于商品销售额的提升都是十分有好处的。

一、打造专属人设

要想塑造自己的个人品牌，主播首先要打造自己的亮点，即打造好自己的专属人设。

（一）打造人设的原则

在打造自身专属人设时，主播需要把握以下几个原则。

1. 寻找自身辨识度

在打造自身人设时，主播首先要对自己有一个清楚的定位：我是谁？我的工作是什么？我凭什么让别人喜欢？在思考这些问题时，主播要挖掘自己身上有辨识度的一个或几个方面。

2. 从自身出发

人设不是凭空想象出来的，主播应从自身出发，根据自身的特点做选择。外表、性格、特长等都可以成为主播的特点，成为主播打造人设的出发点。

3. 少等于多

主播最需要关注的是自己最突出的特点，这个特点能够决定主播的人设和直播风格，能够让其吸引到更多的粉丝。

4. 长期坚持

主播一旦确立了人设，就不能随意更改，为了长期坚持人设，主播在进行每一次直播内容的规划时，都要考虑直播内容是否与人设相符。

5. 了解粉丝需求

在结合自身特点确立人设的同时，主播还要充分考虑粉丝的需求。

（二）人设即标签：为自己贴上深入人心的标签

粉丝进入直播间的目的是购买商品，他们不会花太多时间研究主播是什么样的人，所以要想让粉丝快速熟悉主播，最好的方式就是给自己贴上标签。标签是熟悉一个人最快捷的方式，人设就是标签的组合。主播需要寻找一些自身具备的、利于传播的标签。

（三）打造自身直播特色

为吸引更多粉丝关注，主播要通过人设打造特色。那么主播可以从哪些方面来打造直播间的特色呢？主播的语言、动作、专业技能等都可以成为直播间的特色。

二、注重直播销售内容

在打造个人品牌时，除了挖掘出符合自己的人设，主播还要做好直播销售的内容，直播销售本身是主播塑造个人品牌的核心。

（一）商品的质量：个人品牌建立的基础

商品是主播进行直播销售的主体，同时也是主播建立个人品牌的基础。因此，主播要格外重视自己所推销商品的质量。主播推销的商品质量好，不仅能够为主播打造质量有保证的标签，同时还会进一步巩固自己的个人品牌。

（二）打造自身专业性：建立个人品牌的有力武器

一般来说，能够充分体现专业性的内容比较受欢迎，对主播来说，内容输出是打造个人品牌的有效手段，为了保证输出的专业性，主播就必须不断学习专业知识。

（三）持续输出：强化个人品牌的必要手段

主播应建立素材库，专业、长期地收集和提供直播素材，从而深化个人品牌。

三、个人品牌营销

在进行个人品牌营销时，主播要借助社交平台的力量，还要了解粉丝的需求，同时在营销时也需要把握好时间和节点。

（一）社交平台互动：深化个人品牌推广力度

社交平台能够为主播提供多样的互动形式，无论是朋友圈里的点赞评论、微博上的分享转发，还是微信群、QQ群里的话题讨论，都是互动的有效形式。但主播的互动并不一定是有效的，这需要主播掌握与粉丝互动的技巧，具体包括以下3个方面。

1. 充分展示个人形象

在与粉丝进行互动时，主播要注意个人形象的展示。例如，当主播身上已经有了"穿搭小能手""仿妆高手"等标签时，在与粉丝进行互动的过程中，主播需要抓住机会展现自己的优势，深化粉丝对于自己的认知。

2. 时刻关注热点话题

主播在与粉丝进行互动时，要时刻关注热点话题，并借助热点话题，在社交媒体中巧妙植入与热点有关的信息，这能够引起广大粉丝的关注和转发，有利于达到"口碑炸裂"的效果。

3. 基于粉丝定制活动

在借助社交平台开展活动时，主播需要把握粉丝的需求。如主播可以在微博上设置转发抽奖的活动，而活动的奖品可以是店铺中好评最多的"明星商品"。

（二）从粉丝出发：抓住粉丝目光

营销的终极法宝是抓住粉丝的目光，为了进一步优化营销的效果，主播需要了解粉丝的特点，如图4-14所示。

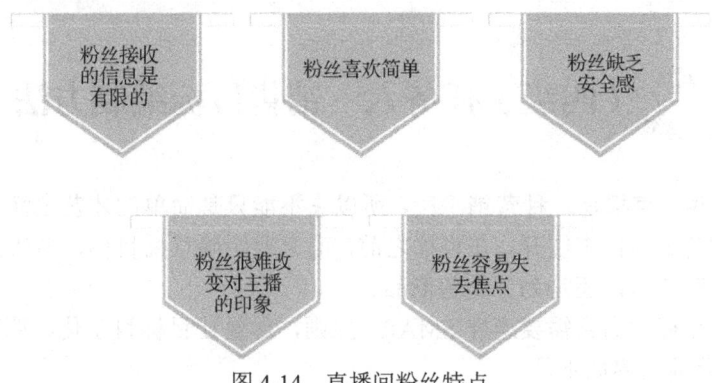

图4-14 直播间粉丝特点

（三）紧扣时间和节点要素

让个人品牌营销发挥最大效能的第一个办法是抓住时机、巧借热点，重点就在于巧借热点。热点就是近期发生并且具有很大影响力的事件。在进行个人品牌营销的过程中，热点能够为主播带来广泛的关注。

无论是产品营销还是个人品牌营销，抢占时间节点都是成功的关键，那么在借热点营销上有哪些节点？

1. 热点发生前12小时内

在这个时期，主播可以做一些准备工作，有些热点是可以预料的，在12小时之内，能做很多事情。

2. 热点发生后1小时内

这是借势促销的黄金时期，如果能在这个时期发出海报，那么肯定会有无数的用户进行转发，热点期的借势促销越快速产生的营销效果越好。

3. 热点发生后6小时内

虽然此时热点已过去了很久，但还是可以利用创意再进行一波营销，做得足够好就有机会出奇制胜，这个时期的关键就在于创意。

4. 热点发生后 6~12 小时内

在这个时期进行借势促销就很困难了,因为这时创意已经不够用,还要有强大的资源支持,这对主播的要求是十分严格的。

5. 热点发生后 12~24 小时内

在这个时期基本没有做借势促销的必要了,热点已经成为过去式,创新也层出不穷,借势促销的效果也将不复存在。

(四)销售达人:让自己成为粉丝买单的风向标

主播需要严把商品质量、展示自身专业技能、为自己打造个性标签,同时结合热点不断宣传自己。通过这样的方式建立起个人品牌并不断推广个人品牌,引导粉丝的选择,成为粉丝买单的风向标。

(四级)任务六　销售目标编制方法

对于商家来说,直播是一种营销手段,所以它不能只是简单的才艺表演或话题分享,而应该围绕商家的营销目标来展开。在直播之前,商家要明确直播目标,确认直播是为了做品牌宣传,进行活动造势,还是为了销售商品。

在明确直播目标时商家需要遵守 SMART 原则,尽量让目标科学化、明确化、规范化,SMART 原则的具体内容如下。

一、具体性(Specific)

具体性是指要用具体的语言清楚地说明直播要达成的行为标准,直播的目标要切中特定的指标,不能笼统、不清晰。例如,"借助此次直播提高品牌影响力"就不是一个具体的目标,而"借助此次直播提高品牌官方微博账号的粉丝数量"就是一个具体的目标。

二、可衡量性(Measurable)

可衡量性是指直播目标要是数量化的或行为化的,应该有一组明确的数据作为衡量目标是否达成的标准。例如,"利用此次直播提高店铺的日销售额"就不是一个可衡量的目标,而"利用此次直播让店铺的日销售额达到 50 万元"就是一个可衡量的目标。

三、可实现性(Attainable)

可实现性是指目标要客观,通过付出努力是可以实现的。例如,商家开展的上一场直播吸引了 10 万人观看,于是商家将此次直播的观看人数设定为 200 万,显然这个目标有些不切实际、难以实现,而将观看人数设定为 12 万或 15 万则有可能实现。

四、相关性(Relevant)

相关性是指直播的目标要与商家设定的其他营销目标相关。例如,很多商家会在电商平台运营网店，商家将某次直播的目标设定为"网店 24 小时内的订单转化率提升 80%"，这个目标是符合相关性要求的；而如果商家将某次直播的目标设定为"将商品的生产合格率由 91%提升至 96%"，则这个目标是不符合相关性要求的，因为直播无法帮助商品生产方提升合格率。

五、时限性（Time-bound）

时限性是指目标的达成要有时间限制，这样的目标才有督促作用，才能避免目标的实现被拖延。例如，"借助直播让新品销量突破 10 万件"这个目标是缺乏时限性的，而"直播结束后 24 小时内让新品销量突破 10 万件"这个目标则是符合时限性要求的。

直播开始前，需要将直播销售目标按照"SMART"准确地提炼出来，这样才能达到最佳的直播效果。

（五级）任务七　用户管理的方法

为了巩固直播的效果，更好地维护与用户之间的关系，直播后的服务和传播也非常重要。

一、订单售后服务

市场营销的竞争实际上是对用户的竞争，用户的满意度是检验营销工作成败的核心标准。所以直播订单的售后服务是提高用户满意度、巩固用户黏性最重要的工作，是直播团队不可或缺的工作组成部分。直播团队在提供订单售后服务的过程中应注意以下几个方面。

（一）保持与用户的长期交流

良性的长期交流既可以提高用户的复购率，还能够通过交流来了解用户的需求。与用户的售后交流有多种方式，短信、社群、站内信息等都是适合采取的方式。

（二）及时回复用户反馈信息

用户的反馈信息可能是对购买产品或者直播间体验的满意反馈，可能是对产品的细节咨询，也可能是对产品本身、采购过程或主播提供的信息等的不满抱怨，无论是哪一类的用户反馈信息，都应该获得直播团队的关注，并及时回复。

（三）二次服务跟进

任何一款商品的售卖都有可能产生订单取消、退货换货等情况发生。对于这些服务的跟进，一方面要按照售后规则处理用户的申请，另一方面也要借机收集整理这些售后申请所反映出的商品问题及用户的需求点。

二、建立社群

当一名主播通过一段时间的运营和直播维护，拥有了一定数量的粉丝之后，建立社群就变得很有必要。

（一）在哪里建立社群

构建社群的方式有很多，直播团队可以根据自己的直播平台和日常工作习惯或者核心用户的使用习惯来决定在哪里构建自己的社群，可以选择一个或者多个平台来构建社群。主流社群平台包括 QQ 群、微信群、微博、豆瓣小组、论坛、线下社团、短视频账号等。一个完美的社群应该同时具备用户管理、产品销售、营销等多个功能于一体。

（二）社群的内容输出

要维持社群的活跃度，最关键的就是要持续输出对社群粉丝有吸引力的内容。在内容策划方面，直播团队需要根据直播账号的定位来确定社群的主要内容方向。社群输出的内容一定要能够给粉丝提供价值，以此提高粉丝对社群的黏性。

1. 知识分享

除了定期发布直播预告、产品信息和优惠活动，还可以在社群中分享一些与直播产品和直播内容相关的知识经验分享，来丰富社群的内容价值。例如，销售美妆产品的直播社群，可以分享美容美妆知识，来吸引粉丝的阅读和对直播活动的参与。推荐户外产品的直播社群，可以分享一些户外运动知识、户外打卡地的推荐等，这些有价值的内容可以获得粉丝群体更积极地互动参与。

2. 保持内容的积极正向

在社群中做内容输出时一定要确保内容是积极正面的，这样的内容更受粉丝的欢迎。

3. 内容以产品为核心

社群内容的输出既要避免与直播内容或者直播产品无关，也要避免粉丝不感兴趣的话题。直播团队在进行社群内容策划时，应该以产品为中心，围绕用户感兴趣的内容进行长期稳定的输出，保证社群内容的价值。同时，还要注意内容主题的多变性，直播团队在进行内容策划的时候，要经常更换讨论的话题，同时保证话题内容与直播产品的关联性。

4. 福利活动

除了输出用户感兴趣的干货内容，还可以在社群中发放各种福利来活跃社群的气氛。福利包括产品优惠券、品牌礼品等。

三、二次营销与引流

除了日常的社群运营，直播团队还要善于把社群与直播结合在一起共同运营。

（一）直播前引流

社群是给直播引流的最有效渠道之一。每次直播活动都会在多个渠道进行营销推广，在社群中发出直播预告后，还要鼓励粉丝邀请更多的朋友通过社群的预告来进入直播间。

（二）直播后的二次营销

直播环节中的促销活动、用户互动、品牌活动、才艺表演、直播时的趣闻、参与嘉宾、意外环节等，都可以作为最优质的营销素材资料。直播团队针对每一场直播都应该进行直播过程的再次剪辑，制作成便于传播的素材，通过公众号、社群甚至宣传软文等不同的渠道进行传播，最大化利用好直播活动，并且为以后的直播进行二次引流。

总之，要打造一个成功的直播间，直播后的运营工作也非常重要。通过社群的建立，既可以构建与用户之间最直接的沟通方式，随时收集用户反馈，又可以更好地维护与用户之间的关系，为有共同兴趣的用户提供一个可以愉快交流讨论的环境，提高用户的黏性，培养一批最忠实的用户群体。并且还能够通过社群进行二次营销和引流，巩固好直播与社群之间的关系，为未来直播活动的转化打下良好的基础。

（五级）任务八　提升购买率的方法

直播带货的玩法众多，多样化的用户互动让用户能了解自己所喜欢的产品，同时还能直观地看到更多的人也对该产品产生兴趣。若是商品数量有限，抢购行为就是用户产生冲动消费的一个信号，直播间的互动与活动，方便了用户的同时还刺激了他的购买欲，从而更容易产生购买行为。

一、主播如何口述

对很多初次尝试直播的商家来说，一般会选择高价聘请行业中的头部主播。商家认为这类人有流量、有口碑，由这样的主播来帮忙卖货，流量自是不用愁。其实不然，即使是商家找对了主播，最高也只能保证五成的效果，剩下的五成还需要直播环节来提升。

产品的知名度、价格优势、主播与产品的适配、主播粉丝需求与产品是否有重合都与主播效果息息相关。一款没有知名度、没有质量保证的产品是不会有好的直播效果的。产品需要有卖点、有优势，主播通过推荐这些产品，尤其是要落实到产品的真实效果上，观众才会愿意买单，主播的描述才会更有底气。

二、产品如何展示

直播卖货的受众大多是通过手机进行观看，在巴掌大的屏幕内展示商品就需要给到商品特写，完整地、全面地展示商品细节。

有的直播间链接从开始挂到结束，有的产品介绍完了才上链接。笔者倾向于从开始就把链接挂在直播间上，并不是所有用户都有时间听完主播介绍的，除了抢购限时限量的产品，用户可能更愿意去商品详情页自己了解商品信息，就算不购买，但也从另外一个方面提高了产品的曝光率。

三、直播方式如何选择

现场直播的即时互动性质能够很好地带动直播间用户下单。促销的关键点就是限时、限量和低价。在有限的时间里用户可以购买有限数量的商品，同时价格上也有着平常所没有的优势，这些很大程度上能刺激用户参与购买。

四、直播间功能如何完善

在直播中，商家能够更好地服务于用户，完善的支付体系让用户免除复杂付款流程的烦恼。在直播间内点击链接即可下单支付，同时用户也可以进行直播间分享，分享后只需要点击分享链接就可以观看直播，无须进行软件下载，省去了很多时间。直播间功能的不断完善也有助于提升直播观看体验，从而提高直播效果，增加转化率。

习题

一、选择题

1．以下哪一项不是淘宝平台的特点？（　　）
   A．及时性　　　　　　　　　　　　B．"老铁经济"和"家族文化"
   C．直播品类多　　　　　　　　　　D．流量大

2．下列选项中，关于直播间的描述正确的有（　　）。
   A．直播间是直播活动的场所
   B．直播间的空间设置是一场直播中最主要的工作之一
   C．直播间是主播生活、工作的场所
   D．直播间画面是观众粉丝观看的主要直播画面

3．主播对直播间空间的设置，要像（　　）一样，才能把直播间空间设置好。
   A．画家画一幅画一样　　　　　　　B．设计师设计空间一样
   C．装修师装修空间一样　　　　　　D．建筑师建设工程一样

4．常见的引流渠道或方法包括（　　）。
   A．硬广　　　　　B．软文　　　　　C．视频　　　　　D．直播

5．在观众粉丝对主播的第一印象中，处于核心地位的是（　　）。
   A．观众粉丝对直播间内容的印象　　B．观众粉丝对主播的外在印象
   C．观众粉丝对直播间的印象　　　　D．观众粉丝对直播间声音的印象

6．直播间常用的直播方式有（　　）。
   A．单人直播　　　B．双人直播　　　C．分屏直播　　　D．移动直播

7．直播现场的插线接口距离要规划好，避免很多线绕来绕去，出现安全隐患。这属于（　　）。
   A．直播空间的优化　　　　　　　　B．直播间灯光的优化
   B．直播间设备的优化　　　　　　　D．直播间人员的优化

8．环境光主要营造直播间的整体亮度，在密度合适的情况下可以确保视频的（　　）。
   A．整体形象　　　B．整体装修　　　C．清晰度　　　　D．整体色彩

9．直播过程中，有经验的主播往往会把库存产品分成多次上架售空，不会一次售空，这样做是为了制造（　　）。
   A．饥饿营销　　　B．痛点营销　　　C．惊喜　　　　　D．优惠

10．主播在粉丝运营时，下列方法能够提升粉丝黏性的是（　　）。
   A．引导粉丝加入粉丝团　　　　　　B．打造人格化IP
   C．创作优质内容　　　　　　　　　D．高效互动

二、简答题

1. 思考美妆类、服饰类、家电类、家居类、珠宝类商品直播间的搭建需要注意哪些问题，并选择一类商品撰写一份美妆类商品直播间搭建策划书，并尝试搭建实景直播间。

2. 搜集两三个品牌直播的案例，如花西子、三只松鼠、唯品会等，并分析这些品牌的直播运营策略的特征。

3. 如何提升用户管理水平？

4. 营销活动效果评估的方法或指标有哪些？如何对营销活动的效果进行评估？

5. 如何进行个人品牌塑造？

6. 简述SMART原则的具体内容。

| 项目五 |

直播预演

【项目导读】

预演对于直播是非常重要的,所谓预演,就是在做一个活动前要先排练一下全流程,直至完全熟悉。这个习惯非常重要,因为预演比不预演要好,多次预演要比一次预演要好,预演能大大提高成功的概率。直播预演有助于补充未准备好的内容,及时调整发现的问题,不预演则不易看到问题。通过预演后的总结和梳理流程,各环节工作人员最终讨论通过的流程会更加全面,能够有效避免直播时遇到问题自乱阵脚的情况发生,即使有特殊情况,也容易集中力量解决。

本项目将介绍直播脚本的编写方法和直播彩排方案的制定方法,团队协作的直播脚本编写要求,以及营销流程的测试方法。最后,介绍直播营销方案的策划和调整方法,并讲解直播营销的几种模式。

【项目目标】

1. 能编写团队协作的直播脚本
2. 能根据直播脚本测试营销流程
3. 能编写团队协作的直播脚本
4. 能根据直播脚本测试营销流程
5. 能进行直播营销方案策划
6. 能根据预演效果调整营销方案

(一级)任务一 直播脚本的编写方法

一、文案脚本概述

(一)文案脚本的分类

根据在实际中的运用,传统的文案脚本主要分为拍摄提纲、文字脚本和分镜头脚本 3 种类型。

1. 拍摄提纲

拍摄提纲是指为拍摄一部影片或某些场面而制定的拍摄要点。它不同于分镜头脚本的细致规定，只对拍摄内容起各种提示作用。拍摄提纲包括画面内容、采访和说明3个部分。

2. 文字脚本

文字脚本以视觉造型性为基础，充分调动屏幕美学原则，综合运用声音和画面元素，合理调度和利用蒙太奇艺术技巧，对现实生活和素材进行提炼、加工，并处理成形象化的文字语言，尤其是画面内容的撰写更应注重视觉化形象的客观描述，纪实的段落要直观可视，写意的段落要有意境，在简明扼要的文字中反映出未来作品的雏形。

3. 分镜头脚本

分镜头脚本是最实用的内容脚本，它是在文字脚本的基础上运用蒙太奇思维和蒙太奇技巧进行脚本的再创作，即根据拍摄提纲或文字脚本，参照拍摄现场实际情况分隔场次或段落，并运用形象的对比、呼应、积累、暗示、并列及冲突等手段，来构建屏幕上的总体形象。

（二）直播销售脚本

直播销售脚本是通过特定的描述性语言，针对特定的某一场直播销售编写的规划方案，以保证直播有序且高效地进行，并能达到预期的目标。

1. 直播销售脚本设计的基本要素

（1）对直播目的进行设计

直播目的包括吸粉引流、推荐产品、直播变现，不同的目的下直播脚本的侧重点也会不同，如表5-1所示。

表 5-1　不同目的下直播脚本的侧重点

直播目的	脚本重点
吸粉引流	要侧重互动，尽可能展示主播的特长，如口才、唱歌、舞蹈、游戏技能等
推荐产品	要注重对产品信息的收集与整理，在产品功能、口碑、品牌价值方面重点设计好脚本
直播变现	要设计好销售语言，通过倒计时、红人榜等方式，刺激观众的购买欲望

（2）对直播流程进行设计

梳理直播流程，对直播中涉及的所有人员提前进行分工和安排，并注意人员之间的相互配合。分工尽量具体，以保证直播过程的流畅及销售的顺利推进。

（3）对直播节奏进行设计

对直播流程进行分析，预判哪些时间点会出现冷场，哪些时间点气氛较为热烈，提前进行细节设置，通过针对性的技巧调节气氛，尽可能详细到每个时间段。

以一场90分钟的直播为例，前15分钟主播进行热场，介绍本场直播的重点商品；第16~70分钟进行产品展示，包括详细的产品解读、使用心得及以往用户的反馈等，中间可以穿插游戏互动；第71~85分钟与观众互动等；最后5分钟表示感谢并预告下次直播时间。

（4）对直播互动环节进行设计

设计互动环节的游戏，包括包邮、半价、秒杀、口令游戏、红包游戏等。在一次直播中不必使用过多的互动方式，但应通过互动产生活跃气氛的效果。

二、直播销售脚本制作的技巧

直播销售脚本能够保证直播流程顺利进行，实时把控粉丝，并能推动直播销售的高效转化。

（一）单品脚本制作的技巧

单品脚本是针对一个产品所制作的脚本，核心是商品卖点。例如，护肤品的单品脚本就需要围绕护肤品的卖点来进行，包括适合肤质、成分安全性、效果、商品适用场合、如何使用、细节特点等。单品脚本包括商品的品牌介绍、利益点强调、导转化、直播间注意点等。

在对单品进行介绍时，要熟悉商品的特点，要把商品的亮点和一些营销方式介绍清楚。通过之前的短视频营销引流进入直播间的用户都是商品的潜在消费者，在直播中细致全面地介绍商品，更加容易促成销售。

（二）整场脚本制作的技巧

整场脚本是针对整场直播所制作的脚本，核心是对整场直播进行合理的规划和安排。整场脚本的内容包括前期准备、开场互动、商品讲解、用户互动、抽奖环节、引导成交、直播预热等环节。

1. 前期准备

前期准备包括明确目标、直播宣传、人员安排、设备测试、商品梳理等。

2. 开场互动

直播开场，首先与观众打招呼，主播进行自我介绍，同时将此次直播活动做一个总体性的介绍。之后每隔一段时间，主播需重新对本场直播进行整体性的介绍，同时宣布本场直播的福利，如互动抽奖、派发红包等，以此来活跃直播间气氛、聚集人气、引导用户留下来观看。此外，还可以设置分享榜奖励，激发用户转发直播间，从而带来新的流量。

3. 商品讲解

商品讲解是非常重要的环节，应遵循从外到内的原则，用生动的语言客观全面地描述商品的优缺点。一般为了保证用户的观看时长，可以将重磅商品放在稍后的时间段，爆款商品同时穿插在不同的商品之间。

（1）品牌优势

分析商品品牌优势，尤其注意分析品牌在国际、行业、区域内的品牌价值。

（2）市场需求优势

分析市场需求优势，并据此进行相应的语言设计。

（3）生产技术优势

寻找商品的生产技术优势，如使用了高科技则一定要将相关信息了解通透，并作为重要卖点推荐。

（4）价格优势

同一商品的直播销售价格低于市场价格，并存在一定的价格差距，对消费者具有极大的吸引力。

（5）商品自身优势

商品自身的优势，包括材质、所获荣誉、实用性等。

（6）用户评价

如果商品已经在市场上赢得了消费者的信任，则应将相关案例进行整理。例如，京东、淘宝的用户评价，非常具有购买说服力。

（7）从用户角度出发

主播需要站在用户的角度体验商品，并进行使用测评。

4. 用户互动

在直播过程中，主播适当地安排用户参与活动，如问答、讲解及分享等活动。

5. 抽奖环节

抽奖环节可以维持现有粉丝黏性，也是吸引新粉丝的有效手段。现在使用的抽奖活动主要有以下5种。

（1）口令游戏

定时开启口令游戏，如九点、九点半等，刺激用户、粉丝参与。

（2）关键词截屏

邀请观众、粉丝进行关键词截屏，截屏成功者可以获得奖励。

（3）抽奖免单

通过直播平台提供的抽奖系统开展游戏，获奖者可以免费获得当天的推荐商品。

（4）电话连线

直接与用户、粉丝用电话/语音连线聊天，并进行直播。

（5）前十名扫码进群获福利

放出社群二维码，并制定前十名扫码进群可获得一定福利的规则，刺激用户、粉丝加入社群的欲望。

在设计抽奖环节的时候，需要注意合理分配时间，不要集中于某个时间段。

6. 引导成交

整场脚本设计需要针对不同的商品和环节设置不同的引导话术，刺激观众的购买欲望，从而促成消费行为。

7. 直播预热

成熟的直播销售应该是周期性的，在直播接近尾声时，主播应强调本次直播销售商品的品牌，总结本次直播活动的情况，引导用户关注主播账号，并预告下一场直播活动的内容。

（一级）任务二　直播彩排方案的制定方法

一场直播的时间一般比较长，在直播之前制定合理的直播彩排流程方案可以帮助主播更好地控制直播节奏，保障直播的顺利进行，目前，主播在讲解商品时经常采用的流程主要有两种，即"过款式"流程和"循环式"流程。

一、"过款式"流程

所谓"过款式"流程,就是指主播在直播中按照一定的顺序一款一款地讲解直播间里的商品。在直播结束前的 20 分钟左右,主播可以将本场直播中的所有商品再快速地过一遍,这样不仅可以让新进入直播间的用户了解本场直播中的各款商品,还可以通过"捡漏"形成一些订单,以提升本场直播的成交额。表 5-2 为一场时长为两个小时的"过款式"流程示例。

表 5-2 "过款式"流程示例

时间安排	直播内容
19:00—19:10	热场互动
19:10—19:30	介绍本场直播的第一款商品
19:30—19:50	介绍本场直播的第二款商品
19:50—20:00	与用户互动环节
20:00—20:20	介绍本场直播的第三款商品
20:20—20:40	介绍本场直播的第四款商品
20:40—21:00	再次将本场直播中所有商品快速地介绍一遍

二、"循环式"流程

所谓"循环式"流程,就是指主播在直播中循环介绍直播间里的商品。假如在一场直播中主播主要推荐 4 款商品,那么主播可以以 30~40 分钟为一个周期,将 4 款商品在一场 130 分钟的直播里循环 3~4 遍,表 5-3 为一场时长为 130 分钟的"循环式"流程示例。

表 5-3 "循环式"流程示例

时间安排	直播内容
19:00—19:10	热场互动
19:10—19:40	介绍本场直播中的三款主推商品
19:40—19:50	介绍本场直播中的一款"宠粉"款商品
19:50—20:20	介绍本场直播中的三款主推商品(第一次循环)
20:20—20:30	介绍本场直播中的一款"宠粉"款商品(第一次循环)
20:30—21:00	介绍本场直播中的三款主推商品(第二次循环)
21:00—21:10	介绍本场直播中的一款"宠粉"款商品(第二次循环)

(二级)任务三 团队协作的直播脚本编写要求

一、直播脚本需要包含的内容

(1)每个环节的时间划分,标出暖场、嘉宾互动、产品介绍(信息、价格)、带货、抽奖等环节。

（2）嘉宾的角色分工，谁带节奏、谁介绍产品、谁主要带货、谁来抽奖。

（3）带货人和产品的关系，是否第一次见产品、是否见过没用过等。

（4）主播介绍产品角度可从性能、性价比、爆款、现场试用等方面介绍。

（5）强调促销信息，不断循环重复促销优惠信息，激发消费者捡便宜心理。

（6）预埋一些梗和亮点，别让直播间氛围冷下来。

（7）预先准备好抽奖词、带货词，如抽奖方式、商品在直播间xx号……

二、脚本拆解

（一）时间

详细拆解每分钟的工作内容、话术、抽奖等各个环节，每分钟都要有严格限定。直播过程中，现场总控严格按照时间点进行操作和控制（以每分钟300字左右的频率介绍产品信息、产品使用、产品功效、优惠信息）。

（二）人物

明确主播1（陈述品牌、产品核心卖点）和主播2（展示产品、抽红包互动、优惠券发放）的内容分工、详细话术。重点内容必须强化突出，要求主播必须提及。

（三）事件（带节奏）

设定带货、抽奖、优惠等不同环节，做好节奏规划。每个环节，主播均需要完成规定的动作。

（四）话术

直播话术内容一定要是观众听得懂的、直白的、明确的、清晰的内容。

（二级）任务四　营销流程的测试方法

一般直播的业务流程为：开启直播——用户观看直播——进行互动——结束直播。提前测试：点击开启直播，进入直播间查看声音、画面是否都显示正常，然后再进行各个功能模块的具体细化。根据上面的业务流程分析，不难发现，直播一般分为观众端和直播端，要分别进行测试。

一、观众端

（一）观看人数

可以实时显示目前观看的人数并显示其头像，点击进去可以查看对应主播信息。

（二）视频播放

视频播放的声音正常并清晰，画面、画质正常，声音和画面同步。

（三）关注

可以关注直播间账号，并且能够成功在直播列表里显示。

（四）观众端的互动

观众端的主要互动内容如表5-4所示。

表5-4 观众端的主要互动内容

互动类型	具体操作内容
评论功能	可以用等价类和边界值进行用例设计。①正常：有效长度（1~100字）可以发送成功；数据类型：中文、英文、字母、字符和表情等。②异常：无效长度，不能成功，并给出友好提示；如果不输入评论，不可发送，并给出友好提示
连线功能	可以跟主播进行视频连线和语音连线，功能正常
礼物功能	可以给主播赠送抖音币，并且充值功能正常；可以给主播赠送鲜花等礼物；可以在评论区显示特效；可以开启以及关闭

（五）购物车

点击购物车，先查看是否可以添加对应的商品到购物车并显示正常。然后测试其他流程功能，具体内容如表5-5所示。

表5-5 其他流程功能

流程	流程功能
商品数量	可以添加一件、多件商品；可以添加多类型商品，并可正常显示在购物车中
提交订单	部分商品/单个商品/全部商品等都可以选择；各个输入项可以正常输入；可以添加多个地址并显示正常；收货地址可以进行编辑和修改，并且可以删除
提交订单后	可以成功跳转到第三方，流程验证正常
支付	可以选择微信、支付宝和抖音支付三种支付方式，选择后都可跳转到对应的支付页面并支付成功
查看订单	支付成功后，可以查看该订单状态，信息显示正确
咨询	可以跳转到客服页面进行咨询，支持文字输入咨询和电话咨询等方式
取消订单	弹出提示信息是否要放弃购物，可以选择确认或放弃；取消成功后退回到购物车列表页面
分享	可以把直播分享到微信好友、微信群，以及朋友圈；分享给抖音的私信好友；分享到QQ空间、QQ好友；分享到微博；可以复制链接在其他平台粘贴发送分享。所有的分享方式都必须分享成功，并可以点击分享后的链接成功打开该直播

（六）其他功能

在直播之前除要测试以上提到的内容外，还有以下功能需要进行测试，如表5-6所示。

表 5-6 其他功能测试

功　能	具　体　内　容
清屏	可以关闭：所有的信息正常显示在屏幕；可以开启：评论等所有信息都不显示在屏幕
录屏	正常：录屏 3～300s，可以录屏成功；异常：录屏时间小于 3s 或大于 300s，都无法正常录屏，并显示友好的提示信息
举报	点击后弹出举报页面；选择原因，提供证据；提交举报后，可以成功，并给出提示；新建一行表格，"退出直播"为功能名称，其余为具体内容

二、直播端

（一）视频和声音

直播开启后视频的画面和直播的声音都是正常的，且音频同步。

（二）本场直播人数

可以显示本场直播的人数列表，并且可以点击查看头像。

（三）外接设备

正常：麦克风可以正常接入，摄像头可以正常接入，识别正常；异常：麦克风异常接入，可以给出友好的提示信息；摄像头异常接入，可以给出友好的提示信息。

（四）互动

PK 功能，可以点击 PK 功能之后选择主播进行 PK 操作；观众连线：选择观众进行连线，可以正常通话；评论：可以正常评论；玩游戏：可以选择游戏类型，进行游戏；心愿：可以正常实现心愿功能。

（五）关闭直播

可以关闭直播，显示直播已结束。

（六）装饰美颜

美化和美颜功能可以正常使用；贴纸等功能也可以正常选择；镜头翻转功能可以正常使用。

（七）更多功能

"更多"里的功能，如录屏、分析、音乐等都可以正常使用。

三、非功能测试点

测试完以上的功能测试点之后，还需要验证一些非功能测试点，主要包括以下 3 个方面。

① 界面：验证界面是否美观，排版是否合理，是否有错别字等。

② 性能：比如长时间直播运行等，多用户发送评论和互动等，关注产品的响应时间等，一般需要借助工具或者代码进行测试。

③ 安全：验证敏感信息是否加密，是否可以篡改；通过一些工具进行安全扫描，检查是否有安全漏洞；采用一些其他的手段进行专门的安全测试。

（三级）任务五　直播营销方案策划

一、直播营销方案的必备要素

图 5-1　直播方案内容

完整的思路设计是直播营销的灵魂，但是仅依靠思路无法有效实现营销目的，直播团队必须将抽象的思路具象化，以方案的形式进行呈现。

完整的直播方案内容，需要包括直播目的、直播简述、人员分工、时间节点、预算控制 5 个要素，如图 5-1 所示。

（一）直播目的

直播方案首先需要传达直播目的，告诉团队成员，通过这场直播需要完成的销售目标、需要提升的口碑关键词、现场期望达到的观众数量等信息。

（二）直播简述

直播方案需要对直播的整体思路进行简要描述或以"一页 PPT"形式展示，包括直播形式、直播平台、直播亮点、直播主题等内容。

（三）人员分工

直播需要按照执行环节对人员进行项目分组，包括道具组、渠道组、内容组、摄制组等。每个项目组的负责人姓名、成员姓名等，需要在方案中予以描述。

（四）时间节点

时间节点包括两部分，第一是直播的整体时间节点，包括开始时间、结束时间、前期筹备时间、发酵时间段等，便于所有参与者对直播有宏观印象；第二是项目组时间节点，方案须清晰传达每个项目组的任务截止时间，防止由于某项目组在某环节延期而导致直播整体延误。

（五）预算控制

直播团队整体预算情况、各环节预期需要的预算情况，都需要在方案中进行简要描述。当某个项目组有可能出现预算超支的情况时，需要提前知会相关负责人，便于整体协调。

二、直播方案执行规划

直播方案的内容需要让所有参与直播的人员知晓，而直播方案的执行规划具有更强的针对性，需要各项目组成员烂熟于心。直播方案的执行规划一般由项目操盘规划、项目跟进规划、直播宣传规划组成。

（一）项目操盘规划

项目操盘规划主要用来保障项目推进的完整性，主要以一个可视化、可监督跟进的形式将项目过程展示出来，即项目操盘规划表。

（二）项目跟进规划

项目操盘规划在方案的整体推进上进行了大致安排，而项目跟进规划则在方案的执行细节上进行安排，明确每个阶段的具体工作是什么？完成时间是什么？负责人是谁等。

（三）直播宣传规划

由于直播平台在线人数有限，为了达到更好的营销效果，在直播活动开始前，直播团队需要进行前期宣传，最好能实现"直播开始前就已经有观众进入直播间等候"的效果。不过需要强调的是，宣传必须有针对性。

（三级）任务六　直播营销方案的调整方法

一、直播销售的基本方式

为了吸引观众观看直播，主播需要设计最具吸引力的"直播吸引点"，并结合前期宣传覆盖更多的观众。根据"直播吸引点"划分，直播销售的常见方式有7种，包括形象营销、明星营销、稀有营销、利他营销、才艺营销、对比营销和采访营销。主播在设计直播方案前，需要根据营销目的，选择最佳的一种或几种营销方式。

（一）形象营销

直播经济中，"形象就是生产力"的说法已经得到多次验证。选择形象营销的主播形象气质好，通过外形就可以吸引大量观众观看，而大量观众带来的流量正是能够为品牌方带来曝光量的重要指标。

（二）明星营销

明星经常占据娱乐新闻头版、一举一动都受到关注，因此当明星出现在直播中与观众互动时，会出现非常热闹的直播场面。明星营销适用于预算较为充足的项目，在明星筛选方面，尽量在预算范围内寻找最贴合产品及消费者属性的明星进行合作。

（三）稀有营销

稀有营销适用于拥有独家信息渠道的企业，包括独家冠名、知识产权、专利授权、唯一渠道方等。稀有产品往往备受消费者追捧，而在直播中稀有营销不仅仅有利于在直播镜头前为观众带来独特视角，更有利于利用稀有内容直接拉升直播间人气，对于企业而言也是最佳的曝光机会。

（四）利他营销

直播中常见的利他行为主要是知识的分享和传播，旨在帮助观众提升生活技能或动手能力。因此，企业可以借助主播或嘉宾的分享，传授关于产品使用技巧、生活小妙招等。利他营销主要适用于美妆护肤类及时装搭配类产品，如主播经常使用某品牌的化妆品向观众展示化妆技巧，在让观众学习美妆知识的同时增加产品曝光度。

（五）才艺营销

直播间是主播才艺展示的舞台，无论主播是否有名气，只要才艺过硬都可能有大量的观众围观，如通过直播古筝演奏、钢琴演奏、脱口秀等，可以获取大量该才艺领域的忠实粉丝。才艺营销适用于围绕才艺所使用的工具类产品，如古筝才艺表演需要使用古筝，制作古筝的企业则可以与有古筝才艺的主播合作。

（六）对比营销

有对比就会有优劣之分，而观众在购买时往往会偏向于选择更具优势的产品。当观众无法识别产品的优势时，主播可以通过与竞品或品牌上一代产品的对比，直观展示产品优势，以增强说服力。

（七）采访营销

采访营销是指主播采访名人、路人、专家等，以互动的形式，通过他人的立场阐述对产品的看法。例如，采访名人，有助于增加观众对产品的好感；采访路人，有利于拉近与观众之间的距离，增强信赖感。

二、直播销售方式的选择

从互联网消费者心理来看，初次接触某企业或某产品直到产生购买行为，通常经历听说、了解、判断和下单4个步骤。第一步，互联网消费者在朋友圈、百度搜索等渠道搜索初次听说某款产品；第二步，在其官网、官方自媒体平台进行充分了解；第三步，去问答平台、店铺评价区域做分析判断，了解其他网友对于此产品的评价；最后才是下单与付款。

对应互联网消费者的以上4个步骤，主播需要对观众进行引导工作。在观众可能会听说的渠道推介新品；在观众了解产品的平台重点描述商品；在观众做出判断的平台优化口碑与评价；在观众下单的平台设计广告词及促销政策，促进订单达成。因此，相对应的直播销售的重点工作，即推新品、讲产品、提口碑、促销售。对应其中不同的直播销售方式，直播过程中的重点各有不同，如图5-7所示。

表 5-7　不同直播销售方式下的营销重点

重点方式	推新品	讲产品	提口碑	促销售
形象营销	√	√		
明星营销	√		√	√
稀有营销	√	√	√	
利他营销	√			√
才艺营销	√			√
对比营销		√		√
采访营销			√	

形象营销：可以把推新品与讲产品作为直播重点，用形象较好的主播进行新品展示或产品的详细讲解。

明星营销：除了讲产品，其他 3 个重点都可以尝试，"促销售"可以作为重中之重来设计。与形象营销不同，明星一般不会有太多时间了解产品性能并对产品进行详细讲解，因此"讲产品"一般不作为明星营销的重点。

稀有营销：常以发布会直播形式出现，现场可以展示新品、讲解现有产品。现场邀请粉丝谈感受、讲心得，是从侧面对产品质量与品牌背书。稀有营销尤其能提高口碑。

利他营销与才艺营销：重点在于"推新品"与"促销售"，通过现场展示或道具引申，向观众展示新产品，达成直播销售。

对比营销：重点在于"讲产品"，通过对比，突出产品差异化优势、从而让观众对购买及使用更有信心。

采访营销：通常以室外采访居多，对产品本身的展示与讲解较少，更多是通过被采访者之口说出产品的使用心得及感受，从而达到"提口碑"的作用。

需要特别注意的是，以上 7 种直播销售方式并不是相互独立的。将各种直播销售方式进行合理组合，可以强化营销重点，达到"1+1>2"的效果。

三、直播销售的策略组合

在梳理清楚直播目的并选择合适的直播方式后，主播需要设计直播销售的策略组合。直播销售的策略组合具有承上启下的作用，一方面可以更好地将上述直播销售目的落地，另一方面便于下一步直播方案的制作。人物、场景、产品和创意四部分的综合效果会影响直播的整体效果，因此在设计直播销售的策略组合时，要注意这四部分的有机结合，如图 5-2 所示。

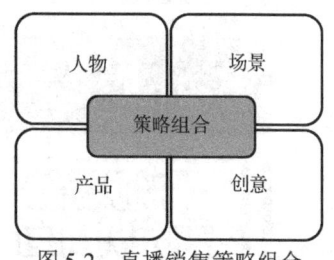

图 5-2　直播销售策略组合

借助"人物""场景""产品"可以组成一个非常有用的直播策略组合模板，即什么样的人（消费者）在什么场所（销售渠道）购买了该产品（直播中展示的产品），并在什么场所（使用场景）使用后获得了什么样的效果（产品功能及效果），而这个人（消费者）正在通过直播的形式把以上环节展示给屏幕前的观众看，让更多的人知道或购买（实现直播目的）。这个直播策略组合模板在套用中并非必须保留每一个环节，可以根据实际情况进行动态组合，但每一个环节都会对最终效果产生影响。

直播策略组合模板的优势在于能够迅速在脑海中搭建一个直播模型,而除了"人物""场景""产品","创意"对直播效果的影响更为关键。趣味性内容的策划同样有章可循,通过直接展示或间接对比的方式,可以达到增加直播趣味性、可看性的目的。

(四级)任务七　直播营销的模式

当前直播营销的模式比较丰富,也在不断创新中,其中比较常见的有六大模式:秒杀模式、达人模式、店铺直播模式、砍价模式、产地直播模式、基地走播模式。

一、秒杀模式

秒杀模式是最基础、最经典的直播模式,也是目前最主流的直播模式。主播或管理员可以直接在直播平台的后台创建订单并在直播间推出订单链接,让观看直播的观众可以直接跳转购买,通常来说该模式的氛围和互动性极高,具有极大的成交冲动性,如图5-3所示。

图5-3　秒杀模式

二、达人模式

达人模式就是邀请行业内的关键意见领袖(KOL)来对商品进行解读和推荐,KOL凭借专业能力或个人影响力完成深度"种草"。比如,某主播在自己的领域有很强的专业性,对该领域的产品品牌与知识了如指掌,讲话也有一定的影响力,推荐的产品具有一定的带动效应,如图5-4所示。

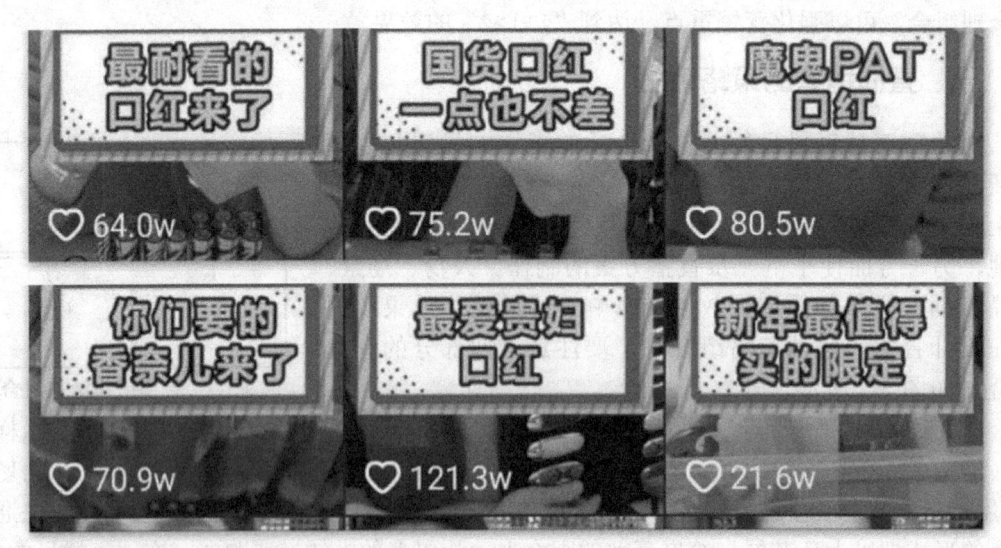

图5-4　直播达人模式

三、店铺直播模式

店铺直播模式是指商家在自己的电商店铺（如淘宝）内设置直播，这也是目前的一种主流模式，如图 5-5 所示。在店铺直播模式中，主播通常都是店铺的老板或者员工，在直播的时候一款一款地介绍在售商品，或由观众在评论区留言，告诉主播要看哪款，主播就会按照观众的留言对产品进行解说和展示使用情况等，因此主播的亲切度和专业性比个人形象更重要。

四、砍价模式

砍价模式是主播拿到要出售的商品后，把商品的优缺点分析给观众，同时也告诉观众商品大概的价值，征询有购买意向的观众，如图 5-6 所示。在这个基础上，供货商报价、主播砍价、价格协商一致后三方成交。主播赚取观众的代购费和供货商的佣金。

图 5-5　店铺直播模式　　　　　　图 5-6　砍价模式

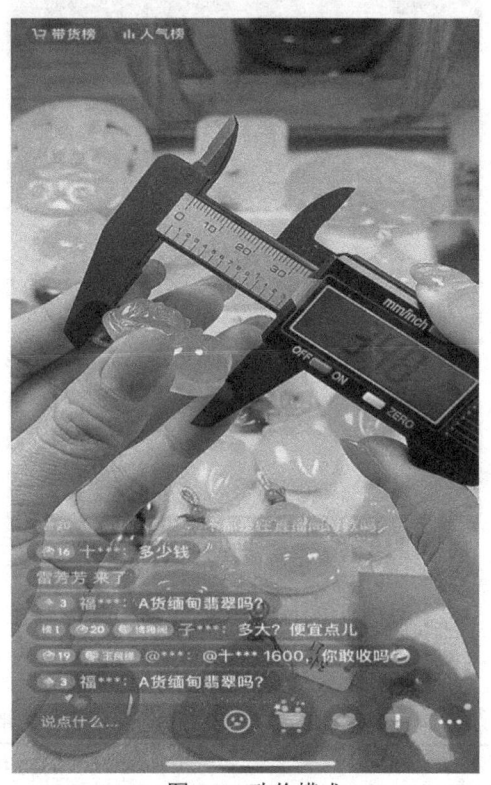

五、产地直播模式

产地直播模式是主播走出直播间，去各个产品的原产地做直播，如图 5-7 所示。在产品的产地直接进行直播，直击源头，省去中间的采购分销环节，能够从产地直达消费者手中，性价比高，消费者对其产品品质也比较放心。

六、基地走播模式

直播基地模式就是把所有的货集中到一个地方,主播可以在这个地方直播,如图 5-8 所示。该模式相对比较轻松,主播不用担心货源和库存压力,也不用担心售后服务问题,因为供应链已构建好了直播基地,主播只要提前到基地选好货,等基地的场景搭建完成即可开播。内容方面,主播会依据观众的需求筛选款式,一场直播往往有多种款式。

图 5-7 产地直播模式　　　　图 5-8 基地走播模式

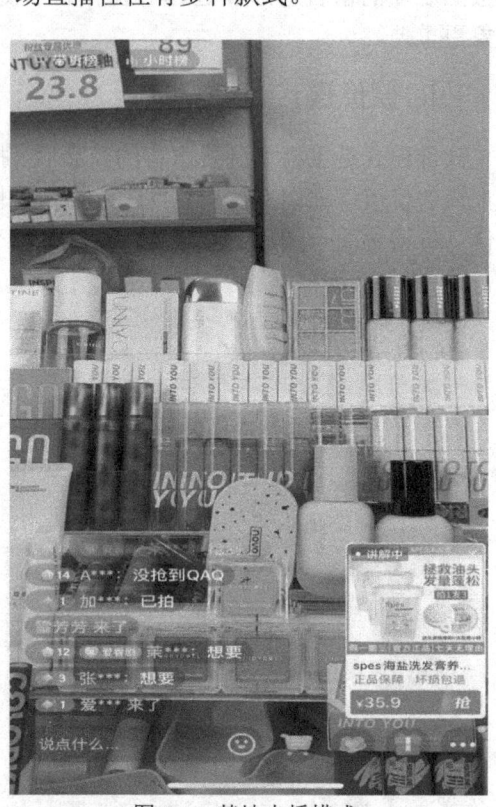

以上是常见的六大直播营销模式的介绍。每一种模式都有其特点和针对的产品。具体内容,如表 5-8 所示。

表 5-8 不同直播营销模式的特点以及适用产品

直播营销的 6 种模式		
模 式	特 点	适用产品
秒杀模式	主播和品牌商合作,帮助品牌商促进销量,同时给观众谋福利。这个模式容易形成马太效应,主播带货能力越强,越受品牌商的青睐,拿到的折扣也越低	美妆、生活用品(单价较低)
达人模式	该模式需要主播在领域内有非常深厚的专业认识,对该领域的商品了如指掌,并已成为该领域的 KOL	任何品类
店铺直播模式	主播针对每个在售商品的款式进行逐一介绍,竞争力来源于在播商品,依靠它们引发观众互动	服饰、美妆
砍价模式	一货一品,容易造成哄抢。主播拿到商品后,把商品的优缺点分析给观众,同时也告诉观众商品大概的价值,征询有购买意向的观众。在这个基础上,供货商报价,主播砍价,价格协商一致后三方成交。主播赚取观众的代购费和供货商的佣金	珠宝、酒品(单价较高)

续表

直播营销的 6 种模式		
模　式	特　点	适用产品
产地直播模式	无论是自产自销还是产地自销,在产地购买的性价比最高,观众相信该模式的产品品质,但是直播内容比较单调	农产品、海鲜、汽车
基地走播模式	供应链构建直播基础,主播在各个直播基地做直播,提前去基地选好货。在该模式下,主播不用担心货源、库存压力、售后服务等问题	服装、美妆

习题

一、选择题

1. 文案脚本分为（　　）。
   A. 拍摄提纲　　　B. 拍摄手法　　　C. 分镜头脚本　　　D. 文字脚本
2. 短视频文案脚本的最重要核心要素是（　　）。
   A. 吸引力　　　B. 表现力　　　C. 结合度　　　D. 呈现度
3. 直播方案营销必备要素是（　　）。
   A. 直播目的　　　　　　　　　B. 直播简述
   C. 人员分工　　　　　　　　　D. 时间节点和预算控制
4. 直播方案执行规划有（　　）。
   A. 项目操盘规划　　　　　　　B. 项目跟进规划
   C. 直播售后规划　　　　　　　D. 直播宣传规划
5. 直播销售的策略组合有（　　）。
   A. 人物　　　B. 产品　　　C. 创意　　　D. 场景
6. 关于直播预热方式,下列属于私域场景的有（　　）。
   A. 商品详情页　　　　　　　　B. 微淘轮播页
   C. 微博、微信公众号　　　　　D. 短视频平台账号简介
7. 直播脚本的表现形式不包括（　　）。
   A. 主题　　　B. 参与人员　　　C. 人员薪酬　　　D. 卖点
8. 直播脚本测试中,以下环节排在最后的是（　　）。
   A. 剧透今日新款和主推款　　　B. 教粉丝怎么领优惠怎么成功拍下产品
   C. 做呼声较高产品的返场演绎　D. 强调明天几点开播
9. 单品脚本中测试环节中,"适合任何肤质的护肤品"属于（　　）环节。
   A. 品牌介绍　　　　　　　　　B. 直播间注意点
   C. 引导转化　　　　　　　　　D. 利益点强调
10. 经过统计,发现近期直播间直播内容单一,此时应该（　　）。
    A. 主播加强引导　　　　　　　B. 开发新的直播内容
    C. 更换直播产品　　　　　　　D. 更换助理

11．单场直播脚本主要内容有（　　　）、观众活动、抽取奖品、活动总结和预告活动。
A．直播开场　　　　　B．直播活动介绍　　　C．产品讲解　　　　　　D．产品测评

二、问答题

1．请自选一种热门商品，从商品卖点、商品尺寸、直播利益点、优惠措施等几个方面为商品撰写直播脚本。

2．你要宣传一个中药材企业，为它拍摄一个短视频，请写出一个短视频脚本。

3．阐述直播的几种营销模式。

4．直播销售的基本方式中，形象营销、明星营销、稀有营销、利他营销、才艺营销、对比营销、采访营销分别适合什么样的营销目的？

5．非功能测试点包括哪些。

6．简述直播脚本的作用。

| 项目六 |

直播销售

【项目导读】

一场成功的商业直播活动，除了精准的用户定位和活动内容策划之外，在直播这一块能做的东西有很多。视频直播已经成为目前商业曝光的主流形式，无论是对品牌的宣传还是企业形象的树立，视频直播能给企业带来的能量都不容小觑。一场炫酷、大气的商业直播对于企业知名度的打响有很大的作用。主播在直播销售过程中对于节奏的把控、和观众的互动、话术的使用及突发问题的应对处理等，对一场直播是否成功都起着至关重要的作用。

本项目将从直播销售的过程入手，讲解直播过程中对产品特性和卖点的介绍方法，产品的展示技巧和引导用户下单的技巧，直播过程中的营销话术表达技巧和个人情绪管理技巧，直播间气氛调动的方法，进而学习直播策略的调整。

【项目目标】

1. 能使用营销话术介绍产品特点
2. 能介绍平台优惠及产品折扣信息
3. 能使用营销话术介绍产品特点
4. 能根据产品选择直播模式
5. 能对个人情绪进行控制管理
6. 能调动直播间气氛
7. 能根据用户反馈实时调整直播策略

（一级）任务一 产品特性及卖点的介绍技巧

直播带货的核心直播内容是完成产品销售，如何介绍产品以提高直播间的下单率，是直播团队要不断研究的问题。在营销领域有一些比较成熟的销售法则也同样适用于直播间这个销售场合。

一、FAB 利益销售法

FAB 利益销售法是一个典型的利益推销法则，而且是一个非常具体、既有高度、可操作性又很强的利益推销法。FAB 利益销售法旨在进行产品介绍、销售政策（进货政策、销售细节等表述）时，针对用户的需求意向，进行有选择、有目的的逐条理由说服，从而促成成交。

FAB 是 3 个单词的缩写：Feature、Advantage、Benefit。

F 代表特性（Feature），是指产品的属性，也就是产品构成的基本因素和包括的客观现实，产品的属性可以从多个角度去挖掘。例如，产品的外观、质地、原产地、材料、制作工艺、规格包装等都可以作为一个产品的属性。

A 代表优点（Advantage），是指产品的优势、作用，因产品特点而带来的优点或者起到的作用。也就是"F"所确定的产品属性发挥了哪些功能，具有哪些能够区别于同类产品的独特优势作用。

B 代表利益（Benefit），是指产品能给客户带来的益处或是能满足用户的某些特定要求，即商品的优势带给用户的好处，如图 6-1 所示。

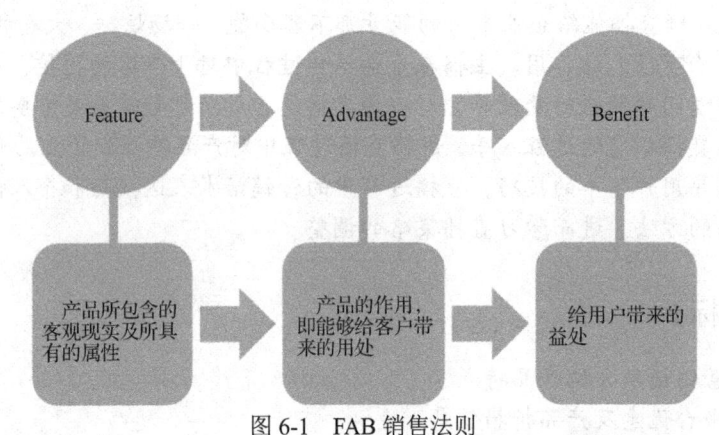

图 6-1 FAB 销售法则

按照 FAB 利益销售法的顺序进行的产品介绍将是一个完整的、有说服力的销售过程，能够有效地打动客户，并促使用户相信产品品质并进行下单。

二、如何运用 FAB 销售法则进行产品介绍

（一）确定产品属性

每一种产品都有很多属性，有些属性跟产品的竞品是相同的，称为"通性"，有些属性则是本产品所独有的，称为"特性"。主播在进行直播销售时，要着重介绍产品具有的特性。

例如，主播在介绍一款保温杯的时候，如果一直在介绍和演示保温杯如何使用，观众不会对此产生兴趣，因为保温杯的使用方法都大同小异，强调产品的通性不能有效引导用户下单，还要介绍产品具有的特性。例如，这款保温杯容量大、保温时间久、轻便易携带、明星同款，外观设计独特等。

产品属性的确定可以从不同角度来进行，下面罗列几种常见的产品属性确定的角度。

1. 产品功能

随着人们物质生活的极大丰富，可以购买到的产品种类越来越细分。以美妆产品为例，爽肤水、防晒霜、隔离霜、粉底液等都是在清洁面部后使用的，是有着不同功能的妆容产品。在确定产品属性时，可以根据产品的具体功能来确定。

2. 产品成分

有针对性地挖掘产品成分来作为一个产品的核心属性。例如，近几年非常火爆的乳胶枕，就是以乳胶这个主要成分作为一个核心的产品属性来形成了产品介绍文案。

3. 品牌故事

具有一定历史的品牌，因为大家耳熟能详的历史故事、创始人的个人背景、产品创立的初衷、产地的独特性、有特色的品牌文化等在用户心中留下了深刻的印象，品牌已经成为它的产品最重要的属性。

那么，主播如何能够确定产品的属性呢？通常情况，可以通过以下方式获取 FAB 利益销售法中的产品属性。

① 产品详情介绍

从产品说明书、产品包装上的介绍、官方网站上搜索的产品详情介绍，都可以找到该产品的基本特性和功能等信息，可以对这些基本资料加以运用。

② 品牌方提供信息

品牌方对自己产品各方面的介绍信息都有非常深入的了解，主播可以通过与合作的品牌方沟通，以及从品牌方提供的资料中得到更多的产品信息，从而提炼出产品属性。

③ 主播使用体验

直播销售员或其团队通过对产品的亲自使用体验，可以从中观察、总结出产品的特点和优点，通过 FAB 利益销售法表达，会非常有说服力。

（二）提炼产品优势

在确定了产品的基本属性后，就要进一步去挖掘产品在这些属性方面所具备的优势。例如，防晒霜（属性）对应持久不油腻（优势）；笔记本电脑（属性）对应轻薄便捷、内存量大（优势）；羽绒服（属性）对应保暖指数高（优势）等。产品优势的提炼可以从多个角度进行，下面仅列出其中几个常见的例子。

1. 安全角度

产品在安全性方面具有的优势，如加工工艺精良、组成成分优质、干净卫生等。

2. 功效角度

产品能够给客户带来什么样的预期功效，如解渴、保暖、助眠等。

3. 外观角度

产品的外观设计有没有独特的地方，如造型耐看、线条流畅、颜色独特等。

4. 舒适角度

产品在设计或技术上如何让人感到舒适或愉悦。舒适性不仅限于穿和用的产品，如食品类产品也可以通过塑造传达欢乐幸福的感受等体现舒适性。

5. 方便角度

从产品使用方法简单，能够给用户带来方便，或使用户节省时间等方面提炼产品特点，如铝箔包轻便易携带。

6. 经济角度

如何说明产品对于用户来说是一个非常划算的选择,可以从性价比方面提炼,让用户感觉到价格便宜,如加量不加价,也可以从经济保障方面提炼,如产品未使用可无条件退款等。

7. 耐用角度

产品质量好,如衣物耐穿、食品保质期长,可长期存放等。

(三)明确采购产品的利益

在确定了产品的属性及其优势之后,还要明确购买这个产品能够给用户带来的利益,以此来促进用户下单购买。主播在向用户介绍购买产品的益处时,要站在用户的角度去建立产品属性、优点和用户实际需求之间的联系,让用户清楚了解购买这件产品后,将得到哪些益处。

例如,一款羊皮靴(属性):皮质非常柔软(优势),长期穿着也不会磨脚(利益);一款纯棉质连衣裙(属性):收腰款独特设计(优势),非常显瘦,展露优美身材(利益)……

在产品介绍时运用 FAB 利益销售法,可以帮助主播迅速抓住用户的关注点,在最有效的时间内向用户传递产品属性、产品优势、购买利益 3 个核心内容,这个法则可以应用于任何一款产品的介绍,对于主播把控直播间产品介绍环节有非常大的帮助作用。

> **小贴士**
>
> 《中华人民共和国产品质量法》规定,生产者、销售者依照本法规定承担产品质量责任。销售者销售产品,不得掺杂、掺假,不得以假充真、以次充好,不得以不合格产品冒充合格产品。

(一级)任务二 销售产品的展示方法

直播间通常每场直播都要推荐很多款产品,有些直播间甚至要推荐 50 个以上的产品。如果每款产品都是采用同样的陈述型介绍方法,那么用户会产生审美疲劳,不利于直播间的销售转化。所以在做产品介绍策划的时候,要根据产品的应用场景、使用方法等采用不同的产品展示方式,持续吸引用户的关注度,延长用户在直播间的停留时长。下面列出几个产品展示时可以采用的小技巧。

一、产品外观设计

直播间介绍产品时,用户的第一印象就是产品的外观。如果一款产品有比较具有设计感的外观,那么主播可以围绕产品的外观设计着重进行介绍,如图 6-2 所示。

二、使用技巧

产品的使用技巧、制作技巧、搭配方式、问题解决方式等都是很好的介绍素材,如图 6-3 所示。例如,同一款围巾的不同戴法,一款海虾的烹饪方法,户外登山背包每一个口袋适用于装什么物品等,讲解这些使用技巧对于促进用户下单购买有非常好的效果。

图 6-2 鞋子外观细节展示

图 6-3 服装搭配

三、使用效果展示

使用效果的展示是非常直观的产品介绍方法，特别适合于美妆、服装、珠宝首饰等产品，如图 6-4 和图 6-5 所示。主播可以通过使用效果展示引发用户去联想自己使用产品的效果。例如，在美妆直播中口红的介绍通常都是由主播或者助理自己涂抹，或者为模特进行涂抹，来让用户清楚看到不同颜色的涂抹效果。

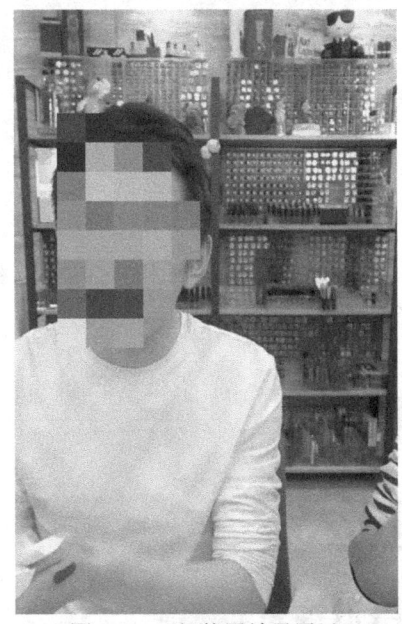

图 6-4 口红使用效果展示

图 6-5 羽绒服使用效果展示

四、同类产品对比

同类产品的对比可以更有效凸显每一款产品的优势特色。分析产品的不同之处，可以加深用户对产品的印象，如图6-6所示。

五、产品试用

产品试用是直播间介绍产品最常用的方式，食物试吃、美妆产品试用、珠宝首饰试戴、服装试穿等，如图6-7所示。这些都是非常直接有效的产品介绍方式，让用户深入了解产品的色彩、含量、尺寸、适用肤色、适用身高体重等各个方面，用户可以通过主播试用产品看到产品的实际效果，从而更愿意购买产品。

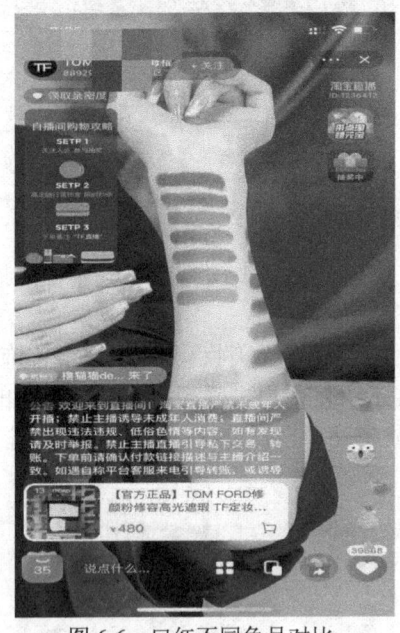

图6-6　口红不同色号对比　　　　　图6-7　产品试吃

六、售后服务

通过直播购买产品，售后服务是非常重要的。主播在进行产品介绍的时候一定要清楚讲明产品的售后服务，让用户没有后顾之忧，如图6-8所示。

图6-8　产品售后服务

无论是上述例子中提到的哪一种产品介绍方法，都有一个共同点，那就是真实全面地展示商品及其服务。

（一级）任务三　引导用户下单的技巧

影响一场直播带货的成功与否的因素众多，包括前期选品、价格优势、直播间配置、主播个人的魅力等，其中销售话术技巧就是关键因素之一。对于直播销售员来讲，想要在直播间呈现优异的带货效果，最重要的就是依靠良好的语言组织和表现能力。

一、提出痛点

在正式介绍产品之前，先将用户代入到生活场景中，用生活化的语言描述出用户的需求，结合消费场景找出用户的痛点及需求点，从而与用户产生共鸣，给用户提供一个购买理由，让用户觉得自己就是这样的，自己可能需要这款产品，想要往下听一下如何解决自己的痛点问题。

二、介绍产品

以带货为主要目标的直播，话术中最核心的交流内容就是介绍产品。在前面引出痛点的环节，已经铺垫好了使用产品的重要性，在这个环节里，就要隆重介绍出要销售的这款产品。

（一）介绍卖点

在介绍产品的环节中，主播需要对自己推销的产品进行详细的介绍，比如在前期策划环节提炼出的特性和卖点信息，如产品的品牌、产地、成分、优势、功效、原料、售后服务等。在介绍的过程中，主播一定要突出产品特色，并从多角度增加产品本身的附加值，用价值去打动观众，让其产生期待。

（二）从众心理

介绍产品时，还可以利用观众的从众心理，从产品销量、用户评价方面做文章。

（三）品牌背书

在介绍产品时，除了基础的产品信息介绍，还可以强调品牌的可信度、展现品牌形象或店铺优势，以增加消费者对产品的信任度。可以从网红同款、明星同款，或者该产品在某些"高大上"地方的使用，烘托产品的高价值。

（四）专业体现

除了要对销售的产品本身全面地了解外，还要让观众觉得主播在该产品品类领域非常专业。

需要注意的是，在这个环节，主播人要专业，但语言不要专业，要尽量用简单的语言表达复杂的内容，否则观众会感觉无聊，不会在你的直播间过多停留。

三、价格对比

（一）直接对比

在介绍产品价格的时候，除了直接讲出产品的优惠政策外，还有一种方法就是和其他地方的售价进行对比，突出自己销售产品的低价。

直播团队可以提前准备好价格对比清单，去线下拍照或者去网站截屏，这个时候将图片放出来展示给观众，会有清晰直观的价格优惠冲击，能够有效促使观众立刻下单。

（二）间接说明

除了直接用真实的数据展示给观众本次销售产品的价格优势外，还可以通过场景描绘间接地说明这次的价格非常划算。

（三）赠品福利

直播销售还有一种价格优惠方式就是加赠赠品，巧妙地介绍赠品也可以很好地凸显出产品的价格优惠力度。

为了达到更好的营销效果，很多时候价格优惠通常可能是组合形式的，需要进行一些操作才能顺利下单获得优惠，如领取优惠券、备注暗号等，一定要在直播中明确地告诉观众购买的正确方式，避免有观众想买但因为不会操作而造成订单的流失。

> **小贴士**
> 直播带货活动中，常常有商家、主播等销售价值与实际不符的赠品，这种行为就违反了《禁止价格欺诈行为的规定》第六条第（九）项规定，属"其他欺骗性价格表示"的价格欺诈行为。《国家发展改革委关于〈禁止价格欺诈行为的规定〉有关条款解释的通知》规定，馈赠物品或者服务标示价格（或者价值）的，应当真实明确；不如实标示的，属于《规定》第六条第（九）项情形。

四、饥饿营销

饥饿营销，是指商品提供者有意调低产量，以期达到调控供求关系、制造供不应求的"假象"，以维护产品形象并维持商品较高售价和利润率的营销策略。

五、打消顾虑

（一）坚定肯定产品

很多想买但是又犹豫的观众会考虑产品真的像主播说得那么好吗？之前已经介绍过很多了，除了可以重复产品的优势特点，这时候还有一种方法，就是直白地肯定产品。

需要提醒的是，主播要对推荐的产品、说的话负责任，不能盲目地说产品好、什么情况什么人都适合使用，一定要把卖点、功能和可能出现的风险都讲清楚，把产品情况真实地呈现在观众面前，让观众去选择。

（二）购物 0 风险

很多观众一直留在直播间听产品介绍，很大程度是有购买意向的，但是可能会担心不好用、不适合而无法退货，这时候主播可以通过话术打消其的顾虑。

需要提醒的是，主播在真的涉及承担费用风险的时候不要盲目决定，要谨慎思考。实际上，在很多情况下，新入行的直播销售员对售后做出承诺是和商家协商的结果，否则还是很有可能出现收入的亏损。

六、催促下单

在直播间停留到最后的人，多半是支持主播或者是对主播推荐的产品感兴趣的，只是在下单的过程中可能还犹豫不决，在这个环节主播不用再说复杂的话，可以采取促单话术，来刺激观众下单。

以上是针对一件产品的直播销售话术技巧，主播可以按照 6 步话术方法进行产品销售，也可以根据产品特点、直播间现场观众反馈及实时数据的不同，适当对 6 步话术顺序和内容进行调整，以达到最佳的销售效果。

（二级）任务四　营销话术的表达技巧

一、清晰表达，避免对方进行过滤式解读

在直播中，需要主播长时间地与观众进行交流，因此主播的沟通能力至关重要，而清楚准确的表达是成功沟通的关键。我们可以从下面几个方面来提高自己的表达能力。

（一）说话要清晰

主播在直播过程中不能频繁地使用"嗯""啊""呃"等语气词，说话一定要清晰，让大家一听就明白你想表达什么内容。

（二）表达要明确

表达的内容要准确清晰，不要模棱两可，要让对方好理解。

（三）尽量使用大众都可以听得懂的语言

除非有特别的主题要求，否则直播销售员在直播中都要尽可能使用大众都听得懂的语言，直播时也不要过于频繁使用观众不熟悉的专业词语。

二、用户思维，站在观众的角度思考问题

（一）人称的运用

多说"咱们""我们"等词汇，产生"自己人效应"，利用"自己人效应"，在观众心里

建立起归属感，为后面的带货作铺垫。

（二）强调对方的获得感

在直播的时候，主播要在话语间强调观众的获得感，让其觉得主播是在真心为他们着想。

（三）强调共同点

可以从相似的经历、共同的关注点、共同的兴趣爱好等方面出发，找寻自己和观众的共同点，拉近距离。

三、快速精准：在 30 秒内表现出产品关键点

在直播中介绍产品时，要在有效的时间内将产品的信息高效输出给观众。

四、恰当称赞：对观众进行夸奖

主播在和观众互动时，不妨多挖掘观众的个体特点，找到其特长，再予以夸赞。

五、高效回话，回答观众提出的问题

在直播的过程中，当观众对产品提出问题时，主播要及时回答，解答观众的疑问，促进产品销售。

六、针对性沟通

主播在直播时，要根据产品的特点，了解观众群体的性别、年龄等特点，有针对性地进行沟通，提高沟通的有效性。

（三级）任务五　个人情绪管控技巧

优秀的主播要时刻保持精神饱满、爱笑爱闹、爱说、爱互动，保持正能量；面对"黑粉儿"不理会、不顶撞；面对观众问题积极处理，不怠慢，能够随机应变；不在直播间与观众起正面冲突。专业的主播需要有很强的自我调节能力，也需要掌握正确调整心态的方法，才能在直播中吸引到更多的观众，产生更高的销量。

优秀的主播，需要从以下 3 个方面进行心态建设。

一、学会自信

想保持良好的直播心态就必须要学会自信，自信是成功的前提。主播在直播间直播的状态越自信就越能够感染观众，获得大家的喜爱，在直播过程中，也往往更能够把握好直播的节奏，观众也因此能够更容易接受主播所推荐的产品。每个人都各有所长，也各有所短，做主播也是一样的，要多想自己的优势、长处，做一个自信的人，才有可能让自己受到更多的观众喜爱。

二、学会面对挫折

直播销售员并不是一个简单的工作，可能会遇到各种复杂的情况，假如主播一个人在直播间里介绍，很长时间没有粉丝增长，没有人互动，自己说了半天观众也没有反应时，难免会产生负面情绪，这是正常的情况。现在很多头部主播都经历过这样的阶段，更何况是新入行的直播销售员。直播销售员必备的心态之一就是要学会面对挫折，消化负面情绪，积极思考、分析解决问题的办法，及时调整好心情。

三、学会宽容

现实生活中，每个人的喜好都是不同的，也不是所有人的性格和表达方式都是让人容易接受的。直播带货过程中遇到"黑粉儿"几乎是每一个主播都会经历的事情，无论个人在直播中的状态和表现有多好，都有人会说不喜欢你，无论你推荐的产品有多好，都有人能够从中挑出毛病。所以专业的直播销售员做直播带货一定要做好心理建设，培养自己宽广的胸怀。其实对于直播销售员来说，有观众进到你的直播间并发表评论留言，就是有流量产生的体现，好过直播几个小时一个观众都没有。所以，放宽心态，不要让消极的评论影响直播和生活的状态。

（三级）任务六　直播间气氛调动技巧

互动是直播的精髓，也是直播和以往传播形式最不同的一点，与主播进行实时文字对话可以提升观众的参与感。调动直播间的气氛，直播活动中增强互动可以保证流量的留存，也能保证直播活动的效果。

一、提高对弹幕的关注度

观众进入直播间是希望能与主播产生交流，所以主播一定要对观众的评论给予正面的反馈。

比如有观众进入直播间时，主播可以这样说："欢迎××来到直播间，喜欢主播的点个关注哦。""欢迎××来到我的直播间，我是一名新人主播，可以帮我点点赞哦。"核心关键是点出观众的昵称，让观众知道你"看见"他了，并对他的关注表示感谢，以此提升观众对主播的第一印象。如果观众太多叫不过来，可以有规律间隔性地点一下名，这样一来，忠实的粉丝被叫到的概率也大一点。

二、积极回答观众问题

直播过程中，经常有很多观众对主播提出多方面问题，如主播的穿搭有什么技巧？主播的妆是怎么化的？产品适用于哪些人？具体什么身高、什么体重的人合适？什么肤质的人可以用，等等。还会有人重复地问同样的问题，这个时候主播一定要有耐心，要及时回答。

三、向观众提问、请教

除了及时回答观众提出的问题，主播还可以通过向观众提问来提升互动率，调动直播间气氛，问问题的时候尽量避开开放性的问题，多问一些封闭性的问题，例如："大家觉得橘色大衣好看，还是黄色大衣好看？""各位宝宝想要这件衣服吗？想要的可以刷1。"

四、发红包或抽奖

主播可以先用红包调动直播间氛围，吸引更多人进入直播间，然后再抛话题，让直播间活跃起来。主播还可以在直播间设置抽奖环节，在开场或中场都可以。

五、连麦互动

连麦在一定程度上可以增加主播的人气。开始可以与自己等级差不多的主播连麦，慢慢就会有机会与等级高的直播销售员连麦。另外，两个人连麦以后，还可以表演剧本，调动直播间氛围。

六、游戏互动

可以把在网上看的或自己平时听到的小谜语、脑筋急转弯抛出来，尽量要新颖有趣的。注意，不要出太难的谜题，如果观众猜不到答案会更尴尬。

七、播放合适的背景音乐

直播的时候放一些适当的背景音乐很容易提升观众的观看体验。背景音乐的作用不容忽视，既能活跃气氛，控制直播的节奏，又能为主播在直播时候减少直播压力。

（三级）任务七 直播策略的调整原则

一、目标明确

直播策略的制定应该始终围绕着一个明确的目标。这个目标可以是提高品牌知名度、推广特定产品、增强与观众的互动，或者是结合特定的社会热点进行公益宣传。明确的目标有助于形成聚焦的直播内容，制定合适的直播方式，以及设计有效的互动环节。

例如，阿里巴巴集团在其直播间，曾以"回家过年，让红包回归本质"为主题，结合春节这一特殊节点，成功地进行了红包营销。这一策略的成功，很大程度上源于其清晰的目标——让红包回归传统，强化阿里巴巴作为"新零售"领军企业的品牌形象。

二、内容丰富

直播策略需要保证直播内容丰富多样，能够吸引不同观众的兴趣。在制定直播策略时，可以考虑结合社会热点、时事话题、用户需求等多个角度来设计直播内容。同时，还需注意内容的连贯性和一致性，以确保直播策略的实施效果。

例如，2020 年 6 月，哔哩哔哩联合知名 UP 主进行了长达 108 小时的马拉松式直播，主题为"致经典"。直播内容包括各种经典电影、动画等，吸引了超过 1 000 万人次观看。这次直播的成功，不仅源于其丰富的直播内容，也与其对经典主题的精准把握有关。

三、互动性强

直播策略需要充分考虑观众的参与感。通过设计互动环节、答疑解惑、抽奖等活动，可以增强观众的参与度，提高直播间的互动效果。同时，还可以利用社交媒体等渠道，引导观众在直播间进行讨论和分享，进一步扩大直播的影响力。

例如，2018 年小米公司联合电商平台进行了一场新品发布会直播。直播中不仅有新品介绍和演示，还设置了问答环节，邀请小米创始人进行答疑解惑。此外，还通过抽奖活动，让观众有机会获得新品试用机会。这次直播不仅提高了小米新品的知名度，也增强了与观众的互动。

四、精准定位

直播策略需要根据目标受众的需求和喜好进行精准定位。通过市场调研、数据分析等方式，了解目标受众的兴趣爱好、消费习惯等信息，从而制定出更符合其需求的直播策略。

例如，美妆品牌 Hada Labo 在社交媒体上进行了一系列直播，主题为"肌肤的秘密"。直播中，品牌代言人和专业美妆师介绍了肌肤护理知识，分享了产品使用心得，还针对不同肤质进行了个性化建议。这次直播精准地把握了美妆爱好者的需求，提高了品牌知名度和用户黏性。

五、合理利用工具

直播策略需要充分利用各种工具和技术手段来提高直播效果。例如，可以利用视频编辑软件对直播画面进行后期处理，提高画质和观感；可以利用数据分析工具了解观众行为和喜好，优化直播内容和策略；可以利用互动工具设计互动环节，增强观众参与度。

总之，直播策略的调整需要综合考虑多个因素，包括目标明确、内容丰富、互动性强、精准定位和合理利用工具等。同时，需要注意理论与实践相结合，不断探索和优化直播策略，以适应不断变化的市场需求。

习题

一、选择题

1. 主播可以通过需求引导、（　　）、赢得信任、促成下单四步完成直播间的商品营销。
   A．内容载体　　　　B．图书内容　　　　C．商品引入　　　　D．讲解技巧

2. "世界 500 强公司的高管层都在使用这个品牌的产品"，这种叙述属于哪种赢得信任的方式？（　　）
   A．权威背书　　　　B．数据证明　　　　C．现场体验　　　　D．互动抽奖

3. 产品的信息整理包括（   ）。
   A．产品价格　　　　B．产品卖点　　　　C．产品说明书　　　　D．以上三种都是
4. 主播可以通过（   ）提升直播话题技巧。
   A．闲聊生活　　　　B．学习积累　　　　C．模仿　　　　　　D．蹭热点
5. 诱导消费的方法有哪些？（   ）
   A．场景法　　　　　B．价格锚点　　　　C．正当消费理由　　D．算账
   E．偷换客户心理账户
6. 人设吸粉应该通过哪些方法建立？（   ）
   A．大家讲述自己的往事　　　　　　　　B．大家评定是否记得住
   C．大家共创关键的点帮助解决问题　　　D．自己找原因找办法
7. 直播带货在什么时间销售产品可以取得更好的效果？（   ）
   A．直播前 20 分钟　　　　　　　　　　B．直播中间时段
   C．最后 10 分钟　　　　　　　　　　　D．任意时段，氛围到了就可以
8. （   ）能让观众从被动状态转化为主动状态，也是最能取得直播间收入的节目。
   A．连麦游戏　　　　B．聊天　　　　　　C．才艺表演　　　　D．播放影视剧
9. 下列属于衔接直播内容的是（   ）。
   A．主播与观众的聊天　　　　　　　　　B．连麦游戏
   C．主播的唱歌表演　　　　　　　　　　D．主播的跳舞表演
10. 直播间介绍产品时，观众的第一印象就是产品的（   ）。
    A．外观　　　　　　B．价格　　　　　　C．质量　　　　　　D．制造商
11. 在直播过程中，遇到表示不喜欢自己的观众时，主播以下表现正确的是（   ）。
    A．立刻怼回去，让不喜欢自己的观众离开自己的直播间
    B．当作没看见，继续直播
    C．拉黑不喜欢自己的观众
    D．根据观众的评论自黑
12. 主播在直播时，营销话术的表达技巧有（   ）。
    A．语速加快　　　　B．说话清晰　　　　C．表达明确　　　　D．语言大众化

二、简答题
1. 在直播过程中对销售产品进行介绍时，介绍的重点是什么？
2. 直播中对产品进行展示的方法有哪些？
3. 当直播过程中气氛比较沉闷时，主播应该怎么对直播间氛围进行调整？
4. 直播策略的内容是什么？如何进行调整？
5. 如何提升直播间关注度？观看不同量级主播的直播，分析并总结主播的直播营销策略。
6. 简述 FAB 利益销售法的具体内容。

| 项目七 |

售　　后

【项目导读】

下播即宣告一场直播活动的结束，但是围绕这场直播活动还有很多工作要做，主播及其团队并不能就此停歇，要注意做好直播后的售后服务工作，为了巩固直播的效果，更好地维护与顾客之间的关系，直播后的服务和传播也非常重要。服务好一个顾客相当于直播间来一百个新的观众，所以说一个好的售后服务等于你前期投入的一个广告。做好售后服务，回头客绝对不会少。周到的售后服务会给顾客带来愉快的心情，并成为你的忠实粉丝，未来还会经常购买你的产品，以及观看你的直播。

本项目将从直播售后的角度入手，介绍发货进度的查询方法，讲解投诉问题的处理方法、售后标准流程的主要内容，以及智能交互系统的使用方法，并学习如何根据售后数据进行直播复盘。

【项目目标】

1. 能查询产品的发货进度
2. 能处理顾客反馈的问题
3. 能建立售后标准工作流程
4. 能使用智能交互系统回复用户信息

（一级）任务一　发货进度查询方法

通过任意一种物流发货后，都会留下一份发货单，在顾客收到货物并确认之前，商家必须将发货单保存好，以便于处理发货后期出现的纠纷。而且一般发货后，顾客都会关心发货进度，在其不方便查看时，商家就可以通过发货单号来跟踪货物的运输进度并告知顾客。

以拼多多平台为例，商家可以查看发货记录、处理物流服务异常投诉、查看物流提醒，以及可以开通极速发货服务，增加商品搜索权重。

在"发货管理"模块的"物流工具"页面中，商家可以设置运费模板和送装服务模板，以及管理发货地址，处理各种物流相关问题，如图7-1所示。

图 7-1 拼多多发货管理模块

在"发货管理"模块的"物流概况"页面中,商家可以查看店铺最近 30 天的物流概况数据和指标,包括成团到发货、成团到揽件、成团到签收、发货到签收、揽件到签收、物流投诉率、物流详情完整度及发货单量等数据,以及快递公司、发货到签收(时)、揽收到签收(时)、物流投诉率和物流 DSR(商家服务评级系统)等物流指标,如图 7-2 所示。

图 7-2 拼多多店铺物流概况页面

在"发货管理"模块的"包裹中心"页面中，商家可以快速筛选订单状态，包括揽收超时、派签超时和即将揽件超时的包裹，在查询结果中查看发货时间、订单号、物流公司、运单编号、面单类型、包裹状态、当前异常类型、异常时长、处理状态及商家的处理操作等。

（一级）任务二　投诉问题的处理方法

投诉是顾客对商家的产品质量、服务态度等方面不满，向商家主管部门反映情况、检举问题，并要求得到相应补偿的一种手段。

解决投诉的意义在于：没有平息委屈和解决困难的顾客大多数不会再来；未解决问题的顾客还会将问题告诉其他潜在顾客；积极解决顾客的抱怨，会提高顾客的回头率。

一、投诉处理流程

处理顾客投诉的步骤如下。

（一）耐心倾听，真诚道歉

当顾客投诉时，要热情地对待，不要急着去辩解，更不能否认问题的存在。应当耐心地倾听顾客对商品和服务的哪些方面不满意。顾客在反映质量问题时，可能会表现出愤怒、泄气、失望等不良情绪。这时，客户服务人员应当换位思考（假如自己购物时发生了同样的问题，会怎样做）。

无论是什么原因造成顾客不满意，客户服务人员都应该诚恳地向顾客道歉，对给顾客造成的损失道歉，不要找借口对顾客的抱怨敷衍了事。

（二）仔细询问，详细解释

当不良情绪发泄之后，顾客心情会相对平缓。客户服务人员可在此时询问顾客的用户名及所交易的商品，查看与顾客之前的聊天记录和交易记录，与顾客一起分析问题所在，解释出现这些问题的原因，再有针对性地找出问题的解决方案。切忌直接拒绝或教育、讽刺顾客。

（三）提出补救，解决问题

了解事实情况后，应及时想出补救办法，至少提出一个以上的补救措施供顾客选择。顾客发现商品存在质量问题时，第一时间想到的是问题能不能得到解决、需要多久得到解决。当顾客发现客户服务人员的补救办法合情合理时，就会消除心中的顾虑。

（四）及时执行，跟进反馈

顾客同意补救措施后要立即执行，如果有特殊原因无法执行或需要延迟执行，应立即通知顾客。在补救措施执行过程中，要及时通知顾客（可通过旺旺、QQ、短信等方式告知），让顾客随时了解事件进程。

二、投诉处理要点

（1）保持冷静，避免个人情绪受干扰。
（2）向积极方面去想，并采取积极的行动。
（3）只讲顾客希望知道的，而不是客户服务人员想讲的。
（4）集中研究解决问题的办法，熟悉各种可行的办法，并向顾客提出适当的建议。
（5）避免提供过多不必要的资料或假设。
（6）要充满信心。
（7）即使顾客粗鲁无礼，也要保持关注和同情。
（8）多用"谢谢您提醒，我们会注意的""谢谢您告诉我们""我们明白您的困难和问题"等类似语言。

三、投诉处理禁忌

客户服务人员在与顾客沟通时要保持良好、积极的心态，解决在整个售后过程中出现的问题。要记住"顾客永远是对的"。在整个售后服务过程中，客户服务人员要谨记以下禁忌。
（1）不要直接拒绝顾客，永远不要对顾客说"不"。
（2）不要争辩、争吵或打断顾客的话语，倾听比解释更有用，应该给顾客更多机会说出他的真实想法。
（3）不要暗示顾客有错误，不要只强调自己正确的方面，不承认错误的方面。
（4）不要暗示顾客不重要，每一个顾客都是商家的重要资源。

小贴士

《中华人民共和国消费者权益保护法》中规定，消费者享有自主选择商品或者服务的权利。消费者有权自主选择提供商品或者服务的经营者，自主选择商品品种或者服务方式，自主决定购买或者不购买任何一种商品、接受或者不接受任何一项服务。消费者在自主选择商品或者服务时，有权进行比较、鉴别和挑选。

（二级）任务三 售后标准工作流程的主要内容

直播电商的优势在于可以通过直播的形式展示商品，增强消费者的购买欲望。然而，与传统电商相比，直播电商的售后问题也更加复杂。为了巩固直播的效果，更好地维护与顾客之间的关系，直播后的服务和传播也非常重要。

以抖音直播卖货为例，售后标准工作流程的内容主要分为以下几个方面。
① 收到顾客反馈：顾客在收到货物后，可能会遇到各种问题，如商品瑕疵、尺码不合适等。顾客可以通过私信或者抖音平台的客服通道向商家提出售后要求。
② 商家回复顾客：商家需要及时回复顾客的售后要求，并根据具体情况提供解决方案，如重新发货、退款等。
③ 商家收到退货并处理：如果顾客要求退货，商家需要提供退货地址和退货方式，如

快递公司和快递单号等。收到退货后，商家需要检查商品是否有损坏或者缺失，并根据顾客要求进行处理，如退款或者重新发货等。

④ 顾客确认收到退款或者重新发货：顾客收到退款或者重新发货后，需要及时确认是否满意，如果有任何问题，需要及时联系商家协商解决。

总之，直播卖货的售后处理需要商家及时回复客户的要求，并根据顾客的具体情况提供解决方案，保证顾客的权益得到有效保障。同时，商家需要认真处理顾客的退货要求，确保商品质量符合要求，并根据顾客的具体情况进行退款或者重新发货等售后处理。

（三级）任务四　智能交互系统的使用方法

直播源代码中的交互系统最常见的互动是聊天室（弹幕）和礼物等。交互系统涉及消息的实时性和交互性，大部分都是利用即时通信（IM）功能实现的。

对于一个在线人数众多的直播间来说，消息量非常大，对服务器的压力也比较大，一些常见的限制手段可以对消息的发送频率做出限制，如一分钟之内只能发一条。

一、聊天室

移动直播中的弹幕互动功能已经成为直播源代码开发中必不可少的一部分，也是直播销售员与顾客之间的一种沟通方式，这其实是 IM 中的聊天室功能。

聊天室功能和群聊功能类似，但并不完全相同，直播消息只需要发给正在直播间的顾客，而群聊不管在不在线都需要发送，而且历史消息也不需要查看。顾客只有进入聊天室后才能查看聊天信息和群组成员信息。

关于聊天室，可以根据自己团队的技术情况去选择自己搭建服务器还是选择第三方的聊天服务，面对复杂多变的网络条件，还是建议根据顾客所在位置选择运营商附近的单线机房接入弹幕信息服务，提高弹幕的实时性。

二、礼品交互系统

除了上述直播系统常见的聊天交互，直播源代码开发中还有一种比较被看重的，也比较常见的交互方式，就是礼品交互系统。说到礼物，绝大多数的直播平台都有它，因为它增强了顾客和直播销售员之间的互动交流，也是直播平台主要的收入来源。

礼品交互系统是大多数直播源代码开发平台的标准，我们经常看到很多关于给直播销售员刷礼物的新闻，有的明星甚至一场直播收入就高达几十万元，所以直播市场含金量还是很大的，这也是直播销售员依赖平台的主要原因。

礼物的赠送是有特效的，很有画面感，增强了顾客的体验度，从技术实现的角度来说，收发礼物跟聊天一样也是通过 IM 中的协议去处理的。一般都是通过自定义消息去实现，当赠送或收到礼物时，根据自定义消息去获取图像并动态展示出来。

还有一个不起眼的交互方式就是点赞，点赞就是我们常见的"小心心"，原理和礼品交互系统基本一样，不过多赘述，只不过点赞是免费的。

习题

一、选择题

1. 直播时遇到顾客对产品质量不满意，应该用以下（ ）方式处理。
A. 为了不影响直播进展，对顾客的反馈不予理会
B. 根据商家对这款商品的承诺，尽量及时提供解决方案
C. 改变自己的直播节奏，必须把这位顾客的问题彻底处理完毕才能继续直播
D. 予以解释说明，并给出解决承诺，其余问题下播后联系商家尽快解决

2. 直播源代码中的交互系统最常见的互动有（ ）。
A. 聊天室　　　　B. 礼物　　　　C. 弹幕　　　　D. 留言

二、简答题

1. 如何处理顾客投诉？
2. 售后标准工作流程的主要内容是什么？

| 项目八 |

复　　盘

【项目导读】

所谓复盘，就是当一个项目或活动结束后，对其进行回顾，对经验和教训进行总结。尤其是失败的项目更应该重新梳理一遍，预先的设定是怎样的，中间出了什么问题，为什么失败。之后再遇到类似的问题，就能吃一堑长一智。直播复盘是整个直播活动中非常重要的一个环节。复盘在直播工作中很常见，不管项目成败，复盘是为了给接下来的工作提供参考价值，简单说就是总结经验、吸取教训。对于直播效果超过预期计划的直播活动，需要分析总结每个环节的成功经验，并将之应用于下一次直播策划；对于没有达到预期计划的直播活动，直播团队需要总结出现问题的地方、发生的失误，并讨论分析改进方式，避免在未来的直播活动中再次发生类似情况。

本项目将从直播数据处理的角度入手，介绍直播数据的采集方法及统计软件的使用方法，通过数据复核来实现营销方案优化的方法、数据维度和分析标准的制定方法，最后，介绍数据采集流程的制定方法。

【项目目标】

1. 能采集营销数据
2. 能统计营销数据
3. 能对售前预测数据进行复核
4. 能通过复盘提出营销方案的优化建议
5. 能制定数据维度和分析标准
6. 能制定数据采集操作流程

（一级）任务一　直播复盘

一、复盘直播的内容

现在的直播平台都有数据报告，我们可以从中获取主播、粉丝与商品的相关数据，然后进行对比分析，分析时一般会着重看直播时长、粉丝停留时长、增粉数、互动数、商品点击数、订单数等重要数据，了解粉丝对直播内容的感兴趣程度。通过数据对直播的内容进行审查，并查看整场直播的节奏是否拿捏得当。

（一）回顾目标，对比分析

我们可以把策划方案拿出来，看看直播的初衷是什么，是一开始的搭建账号养成自己的粉丝群体，是直播带货转化销量，还是品牌宣传。反复回顾直播，对比直播过程中有没有遗漏的点，对比数据查看粉丝量是否有增加、产品销量是否有增长，清晰了解整个直播过程中的得失。

（二）分析原因，评估结果

根据直播前制订的计划查看，直播结束后有没有达到预期的效果，如直播时长、粉丝停留时长、增粉数、互动数等数据是否达到预期要求，分析直播有没有吸引粉丝，粉丝留存率有没有达到预期目标，如果没有达到预期目标，是否跟自己想要的结果相差甚远，并分析没有达到效果的原因。

（三）发现规律，复制技巧

复盘后寻找规律，总结经验，保留成功的模式，并复制技巧。

（四）复盘本场直播，设定下一场直播的目标

通过对本场直播进行复盘，来设定下一场直播的目标。在这种情况下最好观察同行，通过同行的或者业内的第三方数据工具，如知瓜数据、婵妈妈等，以及一些直播平台的商品排行榜、带货数据等，分析同行情况，结合自己的需求，来设定直播的初始目标。

二、复盘直播的节奏

除复盘直播内容外，看一场直播的节奏也可以看出直播销售员的专业程度及直播团队前期对直播的准备。

三、复盘商品订单情况

（一）供不应求

当商品供不应求时，就是在直播中的销量大、销售快的爆款商品。通过原始库存和剩余库存的对比，找出对应爆款，然后录屏，在复盘会议中，分析出现爆款是因为直播销售员的控场能力好，还是因为商品好。弄清楚形成爆款的原因后，可以为其他商品的销售提供借鉴。对于此款爆款商品，还要考虑如何维持其热度、持续长时间的销售转化。另外，还要保证库存量的充足。

（二）供需平衡

直播结束，当商品的剩余库存仅剩少量时，说明离爆款仅差一步，需要借鉴爆款的经验，优化销售方案。

（三）供过于求

直播结束，当商品的剩余库存和原始库存相差无几时，我们就要考虑是商品的优惠力度不吸引受众，还是直播的受众不是该商品的目标人群。

四、复盘粉丝喜欢的促销活动

每一种促销活动总能带来不同的直播反馈，复盘这些促销活动带来的数据，我们可以洞察哪种促销活动的转化率最高，消费者对哪种促销活动最感兴趣，并根据这些数据，对下一场直播的促销活动设置做进一步改善。

直播促销活动可谓五花八门，图 8-1 展示了常见的直播带货的八大促销活动类型。

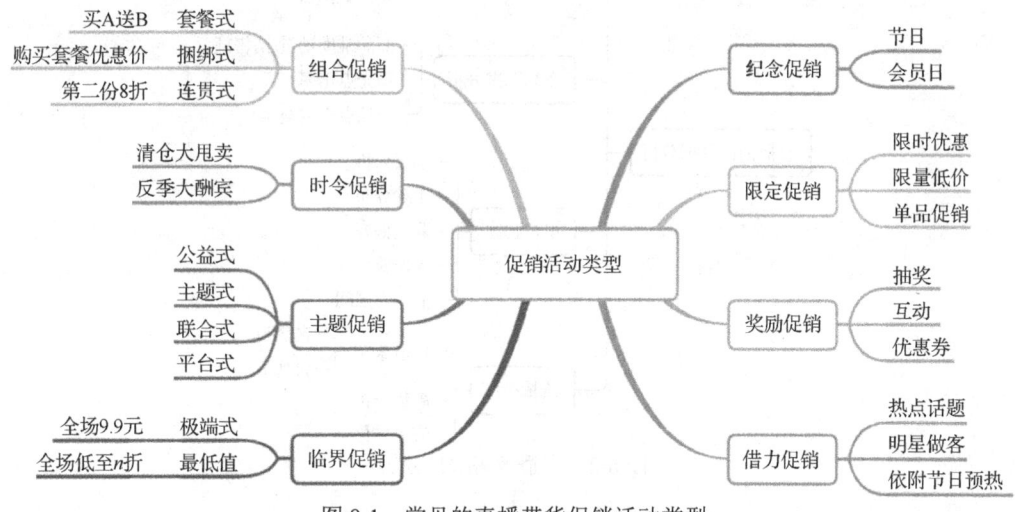

图 8-1 常见的直播带货促销活动类型

需要注意的是，不是每一种促销活动类型都适合任何一个商家，不断试错是商家直播的必经过程，只有多试、多看、多对比，才能找到合适的促销活动类型。通过多次复盘直播中促销活动的过程数据，剔除效果较差的促销活动类型，找到最受粉丝喜爱的促销活动，才能助力直播间提升成交额。

（一级）任务二　数据采集方法

一、数据采集

数据采集可以分成两部分来做，一部分是数据提取，另一部分是数据整理。在数据提取时，需要提取数据趋势大屏中的核心关键数据，通过关键数据推理背后的原因，将原因归纳整理后从中找到用户的潜在需求，从而制定优化方案。

二、数据分析

对于直播电商卖家而言,在进行数据分析时都会采集几个重要数据:访客浏览量、平均停留时长、观看成交转化率、点击成交转化率等。这些数据通过数据趋势大屏,可以非常直观地展现给卖家。

直播销售数据分析,需要结合数据趋势大屏的整体框架和分析重点进行整理,一般可以参考从整体到局部、流量维度、用户画像、从结果倒推原因的思路进行。如图8-2所示。

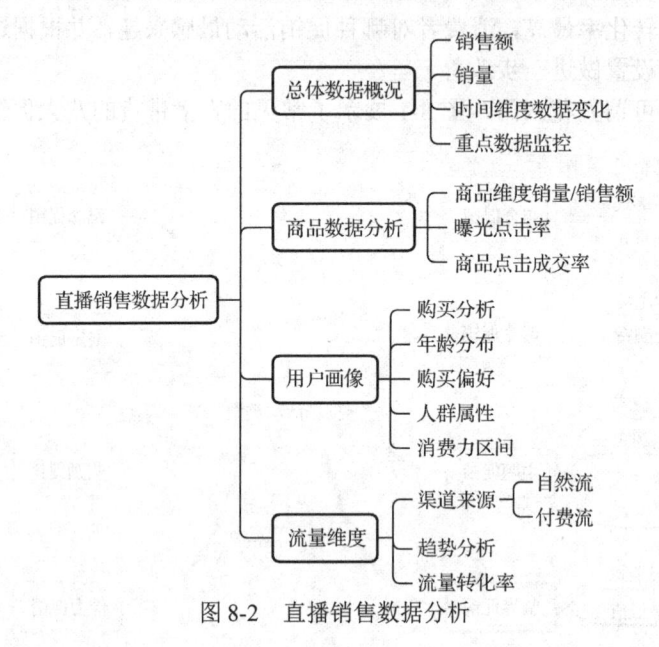

```
                    ┌─ 销售额
        总体数据概况 ├─ 销量
                    ├─ 时间维度数据变化
                    └─ 重点数据监控

                    ┌─ 商品维度销量/销售额
        商品数据分析 ├─ 曝光点击率
直播销售            └─ 商品点击成交率
数据分析
                    ┌─ 购买分析
                    ├─ 年龄分布
        用户画像    ├─ 购买偏好
                    ├─ 人群属性
                    └─ 消费力区间

                    ┌─ 渠道来源 ─┬─ 自然流
        流量维度    │            └─ 付费流
                    ├─ 趋势分析
                    └─ 流量转化率
```

图8-2 直播销售数据分析

(一)总体数据概况

以腾讯视频号直播为例,我们需要对平台的功能和数据指标非常了解,本章节我们以视频号平台"视频号助手"为分析工具来展示数据分析的具体过程。我们在直播过程中要根据直播销售情况,选择最重要的数据分析监控,如销售额、商品销量等,重点数据监控分析的意义主要体现在两方面,汇总报告和日常查看掌握总体业绩完成等全局情况数据。同时,可以按照时间维度,如按日、周、月分析数据情况变化,对比不同时间范围内的销售情况,如图8-3所示。

在总体数据概况中,常用的分析方法是环比分析。

环比:某个时段与其上一个时长相等的时段做比较,如本周环比上周等。当环比分析时,需要注意季节、活动等因素的影响,如电子产品的销售受暑期、"双十一"等影响较大,所以分析时不要为了展示数据而分析,要结合实际情况。

直播不同于传统货架电商,直播电商考量的是流量的当下转化情况,随着平台功能、平台考核指标的不断更迭,同比分析方法得出数据已无法实现参考价值,此时应重点参考一定周期内的环比数据,直播数据指标释义如图8-4所示。

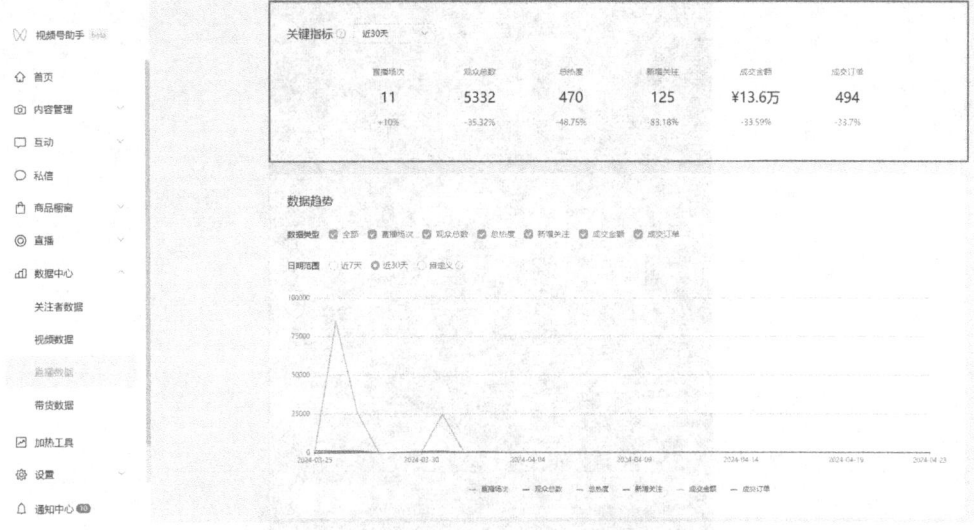

图 8-3　视频号数据中心直播总体数据概况图

图 8-4　视频号数据中心直播数据指标释义

（二）商品数据分析

视频号直播后台"视频号助手"操作页面中的单场直播数据趋势大屏是直播过程中实时监控直播所有数据的页面，直播结束之后也可以查看数据。在数据趋势大屏中商品数据分析包含了商品信息、交易指标、流量指标、售后指标等几个板块，每个板块基本都会细化到各个子项数据指标，对不同数据模块内的各子项数据指标进行分析，再根据不同模块数据指标情况，及时调整策略。同时分析结果也可以为销售运营激励方案和后期活动策划提供数据支持。

在商品数据分析中，对于主播的分析也很重要，整体的销售策略最终还是要细化到主播的日常工作中，所以除了分析主播的业绩，还应按天或按周对相关产品数据指标进行汇总分析，如图 8-5 所示。

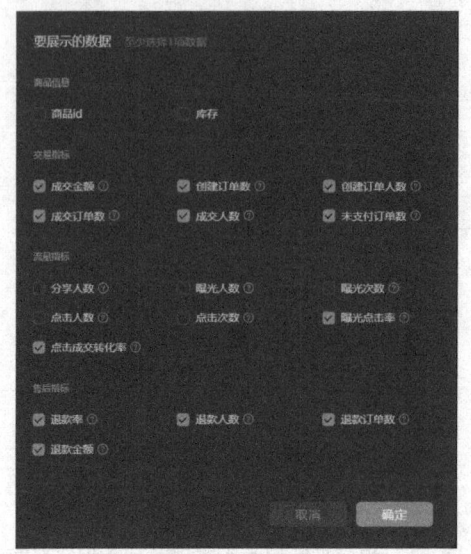

图 8-5 视频号数据趋势大屏商品数据分析指标

（三）用户画像

在用户画像分析中，主要可以从年龄与性别、成交新客与老客、购买偏好、人群属性、消费力区间等几方面进行分析，从而了解商品选择情况，判断资源投放等方面问题，并能及时调整商品结构，如图 8-6 所示。

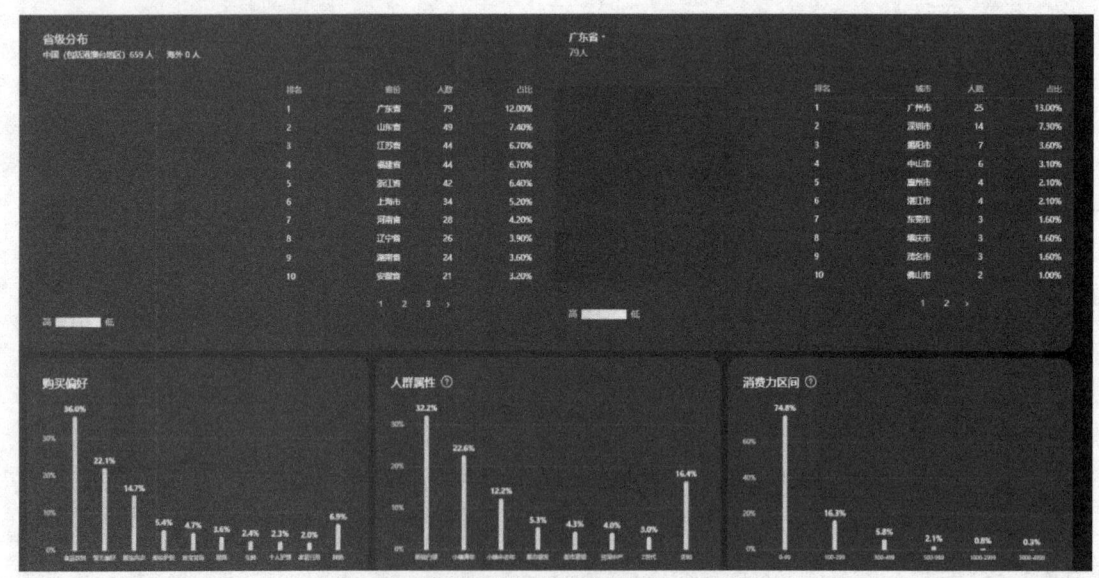

图 8-6 视频号数据趋势大屏用户画像分析

（四）流量维度

流量监控与分析的能力直接决定了直播销售业绩和账号价值，流量越精准直播销售效果越好，账号价值越高，所以用户需要对不同的流量渠道、每个渠道进入量、流量渠道之间对比等进行深入分析，从而了解各渠道的特点和效果，做到最优分配。

选择分析的维度，可以从我们关注的重点结果倒推原因。例如，重点产品销量的变化，往往受人员变化、渠道效果、外界因素等方面影响，逐一细分，就可以究其原因，获得比较全面的数据分析框架。

（一级）任务三　电商罗盘的使用方法

一、电商罗盘

视频号直播电商罗盘是专业的一站式数据分析工具，是基于视频号后台"视频号助手"进一步衍生的分析工具，直接点击"视频号助手"的"数据中心"—"带货数据"项即可进入，它按照数据分析、问题诊断、优化提高、环环紧扣的逻辑设计，帮助用户分析曝光、点击、反馈等效果，通过数据的环比让用户能够清晰知晓变化情况，并为寻找解决方案提供有效数据参考，帮助用户提升直播店铺销售效果。

（一）概览

视频号直播电商罗盘通过经营总览（实时指标数据）、直播转化、短视频转化、买家人群特征这些板块构成，来展示直播店铺经营全链路的核心数据分析。进入电商罗盘界面，首先在概况模块中将会通过以下4个方面对不同维度的数据进行展示，如图8-7所示。

图8-7　视频号直播达人电商罗盘经营总览模块

1. 经营概览
在指定时间周期内你的产品在平台不同销售渠道和场景下销售情况。
2. 直播转化
在指定时间周期内你的产品在直播间销售情况。
3. 短视频转化
在指定时间周期内你的产品在短视频渠道销售情况。
4. 买家人群特征
在指定时间周期内你的产品购买人群的特征情况。

（二）直播转化

直播转化提供指定时间周期内总概览情况包括数据趋势（成交金额、直播时长、单位小时曝光次数、曝光-观看率、千次看播成交、客单价、成交人数、成交订单数、退款金额、退款率），带货内容及转化分析，渠道分析（自然流量、直播加热、广告投放、成交金额统计口径），以及直播明细。

（三）短视频转化

短视频转化包含基础信息、数据趋势、渠道分析、短视频明细等板块，这四个板块提供了整个账号短视频带货近 1 个月所有数据的分析结果。通过数据趋势分析能够知晓整个账号基本情况，趋势中包含成交金额、短视频播放量、千次观看成交金额、爱心赞次数、拇指赞次数、评论量、转发、客单价、退款金额、成交人数、成交订单数这些数据指标，能够反馈出整个账号在同行业中的竞争力，趋势图能一眼识别整个账号近期的销售情况，从而能评估出这个账号的整体运营价值。数据趋势分析如图 8-8 所示。

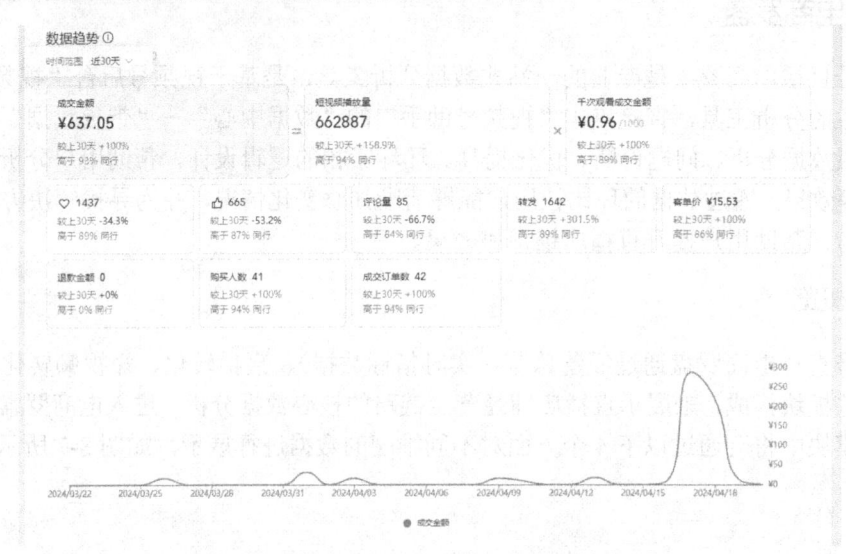

图 8-8　视频号直播达人电商罗盘数据趋势分析

电商罗盘的渠道分析如图 8-9 所示，是指短视频数据来源，如通过关注账号而来，通过公众号而来，通过朋友分享而来等，短视频渠道分析有助于我们知晓哪个渠道的买家更喜欢此种形式内容。这些数据分析在优化短视频选品、话题选择、内容制作、运营等方面为卖家提供判断依据。从而使卖家能够制定更好的运营方案，以提高整体转化率，不断挖掘买家的需求，提高买家购买欲望。

图 8-9　视频号直播达人电商罗盘渠道分析

（四）交易分析

交易分析数据包含成交数、渠道构成、粉丝构成、新老客构成，这四项指标能够综合反映出商品对买家的吸引力，从而为用户提供选品重要参考指标，将产品与买家的适配度进一步提高，提高销售业绩。如图 8-10 所示。

图 8-10　视频号直播达人电商罗盘交易分析

（五）商品分析

视频号直播电商罗盘的商品分析板块最多包含近 30 天的商品分析数据，更具全面性及周期性分析价值，商品分析能够为用户提供更全面系统化的选品参考，从成交金额高、成交件数多、点击支付率高 3 个维度上为选品提供判断依据，实现产品选择的"优中选优"，从而不断扩大产品的销售规模，同时也能够了解买家需求变化。如图 8-11 所示。

图 8-11　视频号直播达人电商罗盘商品分析

(六) 人群分析

人群分析分为人群特征总览、性别分布、年龄分布、地域分布、人群类别、消费力区间、购买偏好几个维度，全面了解买家后，卖家才能够制定出详细运营策略，包括主播选择、话术制定、直播间场景搭建等，以满足目标买家需求。

图 8-12　视频号直播达人电商罗盘人群分析

(二级) 任务四　数据复核方法

以抖音为例，这里重点讲解数据分析的方法，每一次直播之后都会有一个详细的数据表，如图 8-13 所示。

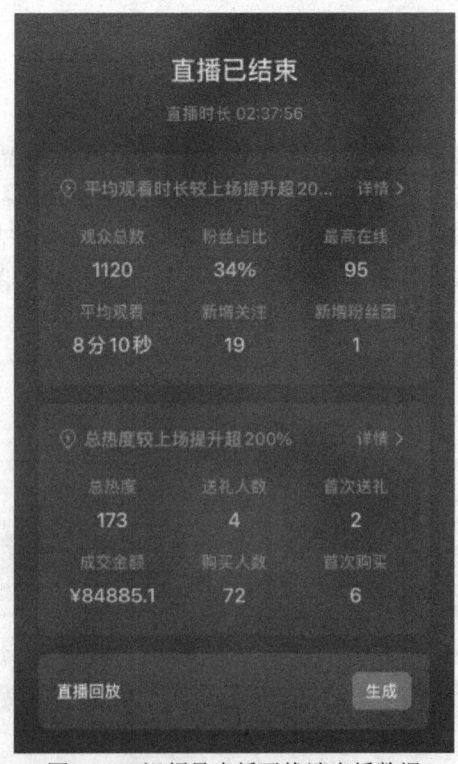

图 8-13　视频号直播无线端直播数据

转化新粉的能力，主要看占比（新增粉丝/观众总数）；评论人数要看评论人数占比（评论人数/观众总数），该数据可以考量直播间的互动情况。直播观众来源包括直播推荐、关注页、直播广场、视频推荐、同城、其他。

如果本场直播的直播流量来源视频推荐占比较高时（50%以上），那就代表推荐来的流量是泛粉，那么转化新粉占比较低很正常，因为不太精准。

如果一场直播新粉转化比低于5%。那就需要查看直播销售员的直播技巧，包括他的互动能力、解说能力、娱乐性，以及形象是否符合大众审美，还有产品是否受欢迎，直播间布置是否有问题。

除了无线端的数据，抖音直播复盘数据还有PC端的数据，数据更详细，如图8-14所示。

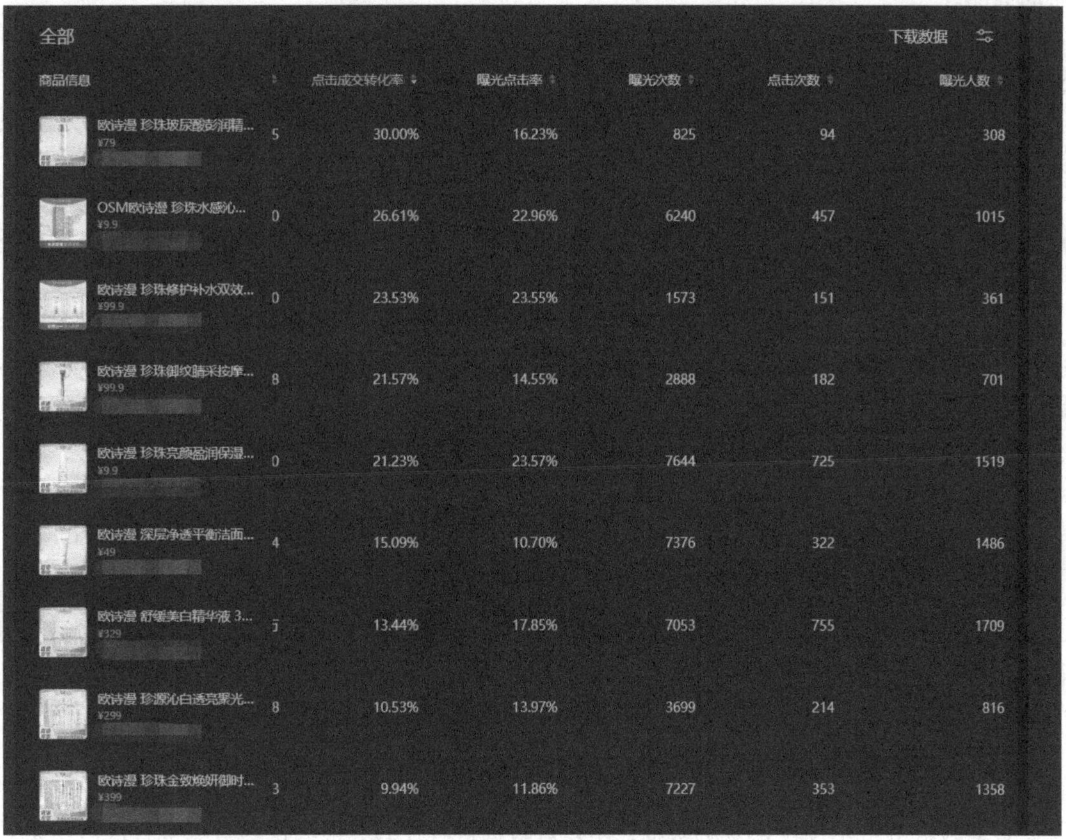

商品信息	点击成交转化率	曝光点击率	曝光次数	点击次数	曝光人数
欧诗漫 珍珠玻尿酸彭润精 ¥79	5	30.00%	16.23%	825	94	308
OSM欧诗漫 珍珠水感沁… ¥9.9	0	26.61%	22.96%	6240	457	1015
欧诗漫 珍珠修护补水双效… ¥99.9	0	23.53%	23.55%	1573	151	361
欧诗漫 珍珠卿纹眼采按摩… ¥99.9	8	21.57%	14.55%	2888	182	701
欧诗漫 珍珠亮颜盈润保湿… ¥9.9	0	21.23%	23.57%	7644	725	1519
欧诗漫 深层净透平衡洁面… ¥49	4	15.09%	10.70%	7376	322	1486
欧诗漫 舒缓美白精华液3… ¥329	7	13.44%	17.85%	7053	755	1709
欧诗漫 珍源沁白透亮聚光… ¥299	8	10.53%	13.97%	3699	214	816
欧诗漫 珍珠金致焕妍御时… ¥399	3	9.94%	11.86%	7227	353	1358

图 8-14　视频号直播 PC 端复盘数据

PC 端多了以下 3 项基本数据指标。

（1）商品曝光次数：商品曝光给用户的次数，包括直播间内的弹窗（用户刚进入直播间的时候，右下角会弹出一个弹窗），用户点击进入购物袋浏览到商品就算曝光。

（2）商品点击次数：用户实际点击商品的次数，如商品曝光 825 次，商品点击 94 次。说明用户点击次数低，推断直播间内主播的引导力、商品的吸引力不足，更深的原因可能是账号的粉丝定位与直播间的商品不匹配。直播间的选品一定要和粉丝定位契合，再加上主播的引导，就比较完美了。

（3）转化数据：商品详情页访问次数，可以看到有多少人访问了橱窗。假如商品详情页访问次数是10，订单量是3，转化率是30%。那说明商品对点击进来的用户吸引力较大。在PC端还可以看到直播次数、直播时长、用户观看次数、总时长、用户平均观看时长等数据。

（二级）任务五　营销方案的优化方法

直播间营销方案优化可以从以下几个方向去做。

（1）增加引流爆款、秒杀款：让用户能够在你的直播间有获得感，花更少的钱买到更优质的商品。

（2）提高主播的引导力、感染力、亲和力和形象：主播在这里就是一名销售，用户买不买账和主播有很大的关联。

（3）货品调整：直播的选品是整个直播的地基，因为商品选择如果不谨慎，会让整体的销售产出很"随意"。如果是自己的直播，会很损伤IP在用户心中的信任度。

（4）直播选品的注意点：价格/赠品优势；品牌优势；高热度、高性价比；通勤款，大众适用性高；功能性强，方便；特殊状况下，需求性商品。当选品时，可根据直播主题调整选品维度优先级。

（5）环境布景：直播间如果是和产品相关的、相结合的，如卖服装的直播间就是服装店、服装工厂；卖护肤品的，直播间陈列的都是各种各样的护肤品，这样就会让粉丝产生场景感，更加容易涨粉。

（三级）任务六　数据维度和分析标准的制定方法

一场直播活动结束后，主播应与其他直播团队成员一起进行复盘，针对此次直播活动进行回顾，从不同的角度进行数据分析、经验总结，汇总直播中存在的问题及成功的经验，从而达到查漏补缺、积累经验的目的。直播复盘的内容包括直播数据分析和直播过程总结。

一、直播数据分析

直播数据分析不仅仅是罗列数据，还要对数据进行比较，根据这些数据进行深度思考和挖掘。具体来说，就是在进行直播结果复盘时，不仅仅要列出关键直播数据，还需要根据这些数据对整个直播过程进行层层梳理和分析，找出数据所反映出来的直播过程中存在的问题。直播数据分析包含以下几个方面。

（一）单场直播数据分析

主流的直播平台都会记录和保存每一场直播的关键数据，这些数据通常可以在直播后台账号的对应页面中随时进行查询或者分析获得，主要关注的数据如下。

1. 开播数据

开播场次：在特定的时间内共开了几场直播。

开播时长：一场直播持续的时间是多久。

有些主流平台对主播的开播场次和每场直播的时长都有要求，满足要求的直播销售员可以获得更多的流量支持，所以开播数据是需要持续记录和统计的。

2. 数据流量

（1）直播间浏览次数。

浏览次数指的是一场直播期间直播间页面被累计浏览的次数，也就是我们通常所说的流量。

（2）用户数。

在一场直播过程中，进入直播间观看直播的总人数。

（3）观看次数。

在一场直播过程中，用户进入直播间的累计观看次数。

（4）在线人数。

在一场直播过程中，实时在线用户数。

（5）封面图点击率。

一场直播在平台曝光的封面图的点击率，可以通过这个数据分析直播封面的设计效果。

（6）流量来源分析。

流量来源数据主要是用来分析进入直播间的流量渠道来源。流量来源数据是影响直播间流量的重要指标，直播团队应该充分利用现有的资源，使每个来源渠道的流量都能够最大化。如果经过分析发现某一渠道的流量低于预期，就需要集中精力对该渠道进行问题分析和不断优化，提高该渠道的引流效果，实现为直播导流的目的。

3. 观看数据

（1）平均观看时长。

一场直播用户观看的人均时长通常以秒为单位。用户在直播间的观看停留时长，可以从侧面反映直播间内容对用户的吸引度。用户观看直播的时间越长，说明直播内容对用户的吸引力越大，用户的黏性也就越高，下单的可能性就越高。

（2）商品点击次数。

商品点击次数越多，说明该商品在直播中的吸引力就越大。如果该商品的点击次数较少，那么需要优化商品的介绍话术，或者给予更多的营销策略来促进点击量的增长，并提高下单转化率。

（3）评论数据。

评论数据包括总的评论数量、非粉丝的评论数量、评论人数等，甚至可以细化到每分钟的评论数量、每分钟的评论人数等。对这些评论数据细节的分析能够让直播团队更快、更精准地判断出直播内容的吸引程度、用户或粉丝关注的内容、直播间的热度等。

（4）点赞数据。

点赞数据也是直播间用户参与直播互动的一个主要表现数据，同时也是直播平台给予流量权重的一个重要指标。所以，直播销售员在直播过程中经常会通过抽奖活动、提醒用户点赞等方式来刺激点赞数的增长。

（5）用户回访次数。

用户回访次数指的是直播活动中用户进出直播间观看直播的次数。这个数据可以反映出直播间活动和内容对用户的吸引力,也会影响直播间的复购率、转化率等。

（6）复看数据。

复看数据是指单个用户平均在直播间打开的页面数量,它反映了用户对直播间、直播内容、直播产品等的黏性情况。

4. 粉丝数据

粉丝数据主要通过新增粉丝数、粉丝画像等数据体现。

（1）新增粉丝数。

新增粉丝数是直播平台权重最大的指标,所以有必要围绕如何促进用户关注来进行直播内容和活动的策划。

（2）粉丝画像。

粉丝画像就是按粉丝群体的年龄、地域、性别、职业、偏好、行为等信息归纳提炼出的标签化粉丝模型。通过这些高度概括的标签,可以更清晰地分析粉丝的需求,并根据粉丝画像设计更符合粉丝需求的营销活动。

（3）粉丝转化率。

粉丝转化率是指直播间用户转为粉丝的人数与直播间总人数的比。

（4）粉丝互动率。

粉丝互动率指在一场直播活动中与直播销售员进行沟通交流的人数与已经关注直播销售员的总人数的比,粉丝互动率越高,可以反映出直播过程的氛围越好。粉丝互动率高的直播间销售转化率也会越好。

5. 销售数据

（1）成交人数。

成交人数是指在单场直播中,通过直播间下单的人数。

（2）成交订单数。

成交订单数是指通过直播间完成交易的订单数。

（3）成交件数。

成交件数是指通过直播间完成交易的产品件数。

（4）成交金额。

成交金额是指用户完成下单并付款的采购总额。

（5）商品交易总额（GMV）。

商品交易总额是衡量直播平台竞争力的核心指标。一般电商平台 GMV 的计算公式为：GMV=销售额+取消订单金额+拒收订单金额+退货订单金额。

（6）加购率。

加购率是指将商品添加购物车的用户数量与直播间用户总数量的比。

（7）下单转化率。

下单转化率是指直播间下单成交的用户数与总用户数的比。下单转化率可以清晰地反映直播效果与产品对用户的吸引程度。

二、直播行业数据

直播行业数据是指整个直播行业的不同角度的排行及各种指数,能够科学地反映出整个直播行业的发展状况和热点。直播行业数据主要包括行业排行、涨粉排行、地区排行等。

除了直播平台提供的直播行业数据，越来越多的第三方数据服务平台也可以查阅不同直播平台的数据排行和数据分析，可以通过这些数据分析来制定直播团队的营销策略。通过对这些直播行业数据的学习和分析，直播团队能更清楚地了解不同平台的直播热度、各直播销售员的排名动态、直播排名靠前的商品目录、不同排名直播销售员的粉丝数、带货口碑、点赞数等数据，以及直播主要用户群体的画像。

三、直播过程总结

直播过程总结就是回顾直播的整个过程，与直播策划方案进行比较，来详细分析直播过程中的成功经验和失败教训。直播过程总结可以从以下这些方面进行。

（一）直播流程把控

直播脚本是有详细的时间计划的，但是直播过程又是动态变化的，所以每场直播后要对比下实际的直播过程是否按照直播脚本制订的流程计划进行，有哪些比较大的差异，然后进一步分析差异的原因是什么：是脚本计划时间不合理，还是主播介绍某一款产品时间过长或者过短？是出现了用户投诉问题，还是处理问题占据了直播的时间？通过这样的分析，可以在未来的脚本制作中制订出更合理的计划，而且给直播销售员提醒在直播过程中如何更好把控整个直播的节奏。

（二）产品介绍效果及转化分析

通过产品介绍效果和转化分析比较，可以判断出不同的直播技巧和话术策略是否带来不同的直播效果。从用户的互动活跃程度到下单数量、涨粉量都可以进行综合对比分析，从而判断和选择出效果最佳的技巧和策略方案，并在以后的直播过程中沿用并做出进一步的优化。

（三）直播互动分析

一场直播的脚本设计包括台词设计、直播环节设置、直播互动玩法、直播开场和收尾等多个方面，这些设计好的内容在执行过程中是否达到设计的效果、是否顺利进行、有没有出现意想不到的问题，能够暴露出设计中的缺陷或者执行中的问题，这些也是直播团队进行过程总结的重点环节。

（四）团队的配合

直播也要从团队合作的角度进行复盘分析，每个人都应该从自己的职责角度进行回顾和说明，把自己看到的问题提出来，同时也接受其他团队成员对自己工作的判断和评价，利用集体的智慧，帮助每一个成员寻找工作出现问题的原因。

（五）直播过程总结的方法

需要整个团队共同完成的直播过程总结，建议按照以下步骤进行。

1. 团队成员自我回顾

参与此次直播活动的团队成员每个人进行自我回顾和阐述，阐述的内容包括自己在此次直播活动中的主要工作内容、工作目标，最终的完成情况，没有完成的任务，没有完成的原因是什么，出现了哪些问题，以及通过此次直播，自己的工作内容和工作流程、工作目标有哪些不合理的地方，以后应该如何改进和提高，工作方法有哪些有效的地方、有哪些需要调整之处。

2. 问题挖掘

在一名成员完成自我阐述后，其他团队成员要一起针对这名成员在直播过程中出现的状况进行深入的剖析，找出任务没有完成或者出现问题的核心原因。

3. 解决方案

在找到核心原因后，接下来团队要一起讨论如何去改进，这是提高后续直播效果的重要步骤，也是团队帮助每一个成员成长的重要环节。这些经过团队自己讨论形成的解决方案一定要整理记录，并且在以后的直播策划过程中形成具体的可执行方案，在执行过程中去检验这些方案的效果。

只有这样一遍遍地复盘每一场直播活动，直播团队才能够发现并解决存在的问题，推动直播间持续不断进步。

四、直播竞品数据

直播竞品数据指与自己的直播账号定位相近的，或者推荐同类商品的直播销售员的直播相关数据。要选择合适的竞品账号，可以从开播时段、账号定位、产品类型、同等流量等不同角度来筛选。值得关注的数据包括粉丝数、点赞数、评论数、直播时段和时长、账号标签、直播流量、产品销量等，基于这些数据分析的结果，可以取长补短，调整自己的直播营销策略，不断提高自己的直播效果。

（三级）任务七　数据采集操作流程的制定方法

一、数据采集渠道

直播数据的获取通常可以通过以下两种渠道。

（一）直播平台后台数据

直播平台为了支持直播销售员的工作，在直播账号的后台提供了比较详细的个人直播数据供直播团队查询，包括无线端和 PC 端。

（二）第三方直播数据分析平台

如果在百度搜索"直播数据分析"可以查询到很多专注于直播领域数据分析的平台。通过这些平台，你可以获得直播行业数据、主播排行数据，也可以查看自己账号详细的直播相关数据，粉丝关注、带货销量、主播排行、地区排行等数据也可以获得，还可通过这些平台了解热门直播内容、热门直播产品、竞品战壕的运营数据等。这些数据平台可以帮助我们快速了解直播行业的变化趋势，以及自己账号在这个行业中的定位和排行。

在通过这些渠道获得直播相关数据后，要对这些数据进行整理，然后开始分析。上面提到的这些可以量化的客观数据，建议汇总到 Excel 表格中，方便用不同的方法进行分析。

二、直播数据复盘的方法

（一）数据趋势分析法

一段时间内的连续数据可以非常直观地表现出数据的走向。把收集到的数据按照时间顺序汇总，然后制作出直线图、曲线图、柱状图等合适的图表形式，可以清楚地看出每个数据随着时间变化的走向趋势。例如，最典型的粉丝数、销售额、点赞数、评论数、转发数等都可以通过数据趋势来分析直播间的发展状况。

（二）数据对比分析法

相同条件数据的对比分析也是一个非常重要的方法，可以更客观地去了解整个直播间的发展是否健康，同时能够凸显数据中存在的问题。所有统计到的数据都是可以进行对比分析的，并且可以从多个角度进行对比分析。

例如，以销售额为例，可以是同一个直播间每一场直播的数据对比、每个月的汇总数据对比、与去年同期的数据对比；也可以将一个直播间的数据与行业数据、同业竞品数据放在一起进行比较，能够看出单个直播间的发展趋势是否与行业一致，以及与同行相比发展趋势的差异。数据对比分析不仅可以通过数据对比发现直播间可能存在的问题，还可以发现直播间发展中的优势。

（三）特别事件分析

我们在进行数据分析的时候，有时候会发现一些突变的数据，也就是突然变大或者变小的数据。这些突变数据，通常会与某一个特别事件相关联。比如，平台的购物节活动、直播间的一次翻车事件、一款热门产品的介绍，也可能是一个引流短视频的火爆等。在进行数据分析的时候，一定要把这些突变的数据找出来单独进行分析，并对这些特别事件进行详细分析记录，作为以后的特殊事件营销的参考。

习题

一、选择题

1. 关于社群的内容输出，以下说法正确的是（　　）。
   A．可以进行知识分享，丰富社群的内容价值
   B．可以在社群中发放各种福利来活跃社群的气氛

C. 在社群进行内容输出时，要尽可能围绕同一个话题进行讨论

D. 直播团队在进行社群内容策划时，应该以产品为中心，围绕用户感兴趣的内容进行长期稳定的输出

2. 以下数据中属于直播观看数据的是（　　）。

A. 平均观看时长　　B. 点赞数据　　C. 加购率　　D. 成交订单数

3. 以下数据中可以反映直播间火热程度的是（　　）。

A. 直播间浏览次数　　B. 观看次数　　C. 在线人数　　D. 封面点击率

4. 如果一场直播新粉转化比较低，那么此次直播可能存在的问题是（　　）。

A. 直播销售员形象不符合大众审美　　B. 直播产品没有核心竞争力

C. 直播时间是上班时间　　D. 直播平台没有推荐

5. 粉丝画像包括的数据有（　　）。

A. 年龄　　B. 性别　　C. 教育背景　　D. 婚姻状态

E. 地域

6. 复看数据是指单个用户平均在直播间打开的页面数量，它反映了用户对（　　）的黏性情况。

A. 直播间　　B. 直播内容　　C. 直播产品　　D. 主播

二、简答题

1. 在直播复盘中，想要了解粉丝相关的数据信息，可以从哪些数据进行分析？请至少列出3个。

2. 直播营销方案的优化应该从哪几个方面入手？

3. 数据复核是什么？进行数据复核的原因是什么？以抖音为例，每一次直播之后，可以对哪些数据进行数据复核？

4. 尝试分析：通过以下问题能否得到用户的准确信息。

"业余时间，你喜欢看电影还是看书？"

"红、黑、白3种颜色的手机外壳，你喜欢哪一款？"

"你的同学们都喜欢读书，你是否也喜欢？"

| 项目九 |

团队管理

【项目导读】

直播间不是一座孤岛,每场直播背后都有一个直播团队在支持运作。对直播商家来说,搭建一支高效直播团队,培养适合产品的优秀直播销售员,是快速成长的关键,直播的顺利进行需要直播各环节的良好衔接和准备,以实现流畅的配合和快速反应,最终形成一支高效敏捷的直播团队。在直播团队责任界限不明确的情况下,很容易造成团队协作不畅、直播问题频频发生。这时候,管理好直播团队,直播任务就成功了一半。

本项目将从团队架构搭建开始入手,介绍团队分工的调整方法、团队考核标准制定技巧和团队协作技巧、团队评价体系的主要内容、团队文化建设的方法。

【项目目标】

1. 能根据业务需求搭建团队
2. 能根据业务方向调整团队分工
3. 能制定团队考核标准
4. 能解决跨部门协作的问题
5. 能建立员工的评价体系
6. 能建立团队文化理念

(五级)任务一 团队架构的搭建方法

一、选择直播团队成员的原则

直播团队是指为了实现某商品销售目标而相互协作的管理人员和工作人员所组成的正式团队,它合理利用每一位成员的知识和技能协同工作、解决问题,以实现共同的目标。

组建直播团队,首先需要考虑团队所需成员应具备的知识、素质和能力,之后按照实际需要选择能够胜任职务的成员。选择直播团队成员一般要遵循以下4个原则。

（一）人数合理

团队刚开始组建的时候，会碰到很多意料不到的问题。例如，人数太少，团队的群体效应没发挥出来；人数太多，思想不统一，碰到困难很容易引起争执。一般初建阶段的直播团队成员以3~5人为宜，以便领导组织与任务分工，并保证团队各项工作完成的速度和质量。

（二）技能互补

直播团队的技能人才主要包括负责团队分工协调和紧急事务处理的管理型人才、负责资金运作和报表制作的财会人才、负责活动策划的创意型人才、负责内容编辑和运营推广的实干型人才等。在团队创建初期，每位团队成员都应注意个人其他潜力的培养和挖掘，让每个人都具有"独当几面"的能力。

（三）目标统一

目标是凝聚团队成员的核心要素，在团队组建过程中具有特殊意义。如果团队成员坚定了未来发展目标，预见了随着目标实现而到来的美好未来，就会把个人目标融入团队目标中，并为实现目标而努力奋斗。目标也是有效的协调要素。团队中各种角色的个性、能力有所不同，只有为了同一个目标，保持步调一致才能取得成功。

（四）责任心强

没有责任心的人，无论能力多强，都很难取得真正的成功。每个团队成员都要肩负起自己的责任，为团队目标共同努力，而不是相互推脱、相互拆台。

二、直播团队的构架

（一）直播销售经理

直播销售经理的主要工作内容及应具备的能力包括以下4个方面。

1. 负责团队的管理工作

直播销售经理有全面主持直播销售工作的指挥、指导、协调、监督及管理的权利，并承担执行公司规程及工作指令的义务。

2. 直播销售计划的制订

直播销售经理要非常熟悉互联网，并且能够制订直播推广计划。

3. 直播销售实施的统筹

直播销售经理要熟悉新媒体，对微博、论坛、微信、直播等平台如数家珍，并有成功的实战经验。

4. 直播销售实施效果的分析

直播销售经理要能够分析粉丝行为，收集粉丝反馈，挖掘粉丝需求，与粉丝做好互动；及时掌握当下热门话题，分析直播数据，监控推广效果，对推广效果进行评估改进。

（二）文案人员

文案人员的主要工作内容及应具备的能力包括以下4个方面。

1. 新媒体渠道的内容策划及写作

文案人员应根据企业的品牌和产品撰写对应的宣传文案，以及在不同的新媒体平台上，如微信公众号、新浪微博、社群等，发布各种形式的文案内容（如图文、视频语音等）。

2. 企业各阶段销售活动的策划及推广

文案人员应根据企业需要及节假日等特定时间策划相应的营销活动，并落实推广。例如，企业发布新品，则需要策划一系列新品发布活动。

3. 热点事件的销售跟进

文案人员应根据社会时事热点有选择地跟进，以达到宣传企业的目的。

4. 评估工作效果

无论是文案内容的投放，还是活动策划的落地。在活动完成后，文案人员都要收集相关数据以评估工作效果，并对往期工作内容提出优化建议，以便后期参考。

（三）美编人员

美编人员的主要工作内容及应具备的能力包括以下 5 个方面。

（1）线上宣传的美术编辑。负责微博、微信、朋友圈、官网等新媒体及线上宣传相关的美术编辑，提高粉丝关注量及活跃度，因此需要熟练使用 Dreamweaver、Photoshop、CoreIDRAW 和 InDesign 等软件。

（2）负责撰写品牌宣传文案，使宣传多样化、品牌化，因此需要熟练制作 HTML5 海报、短视频。

（3）负责活动文案的新媒体编辑和运营，因此要熟悉移动互联网使用人群的特点及行为习惯，并具有新媒体运营经验，以及活动策划和较强的营销方案撰写能力。

（4）具备时尚敏感度。美编人员需对潮流趋势有一定的了解，热爱学习，对市场有独到的见解。

（5）综合能力。热爱本职工作，工作细心、责任心强，具有较强的理解力、创造力、工作协调能力，以及良好的团队合作精神。

（四）直播销售员（销售人员）

直播销售员主要负责直播项目的策划、运营推广及直播团队的建设，并且及时跟踪评估新媒体营销方案的实施效果，拓展合作伙伴，维护客户关系。营销人员的工作内容及应具备的能力包括以下 6 个方面。

（1）热爱互联网，熟悉各种 Web 产品应用，对微博、SNS、博客、论坛等产品有浓厚兴趣或深刻认识，并且善于把握用户的各层次需求。

（2）根据销售目标，有创意地开展新媒体活动，负责自主网络媒介平台的开发与维护，运营维护官方直播、网站、微博、微信，确保人气的提升。

（3）根据品牌策略，结合直播、网站、微博、微信各自的特性，寻找能引起传播的话题，吸引各平台用户参与互动。

（4）与公司其他部门沟通配合，收集汇总粉丝的意见反馈和批评建议，并及时反馈给相关部门负责人；了解粉丝需求并挖掘新的需求，掌握行业内的最新资讯，提供有质量的内容。

（5）定期收集整理运营数据反馈给相关部门负责人，具备良好的数据分析能力、语言文字表达能力、跨团队协作能力。

（6）注重团队合作，善于沟通，有服务精神，具备良好的职业素质和敬业精神。

（五级）任务二　团队分工的调整方法

根据人员配置规模的不同，直播团队可以分为低配版团队、标配版团队和升级版团队。个人或商家可以根据自身运营状况或者业务状况调整直播团队的规模或分工。

1. 低配版团队

如果个人或商家的预算不高，那么可以组建低配版团队。根据工作职能，低配版团队至少需要设置一名主播和一名运营，其人员构成及职能分工如表 9-1 所示。

表 9-1　低配版团队人员构成及职能分工

人员构成	职能分工
主播（1人）	熟悉商品脚本；熟悉直播活动脚本；做好商品讲解；控制直播节奏；做好直播复盘
运营（1人）	分解直播营销任务；规划直播商品品类；规划直播商品上架顺序；规划直播商品陈列方式；分析直播数据
	策划直播间优惠活动；设计直播间用户分层规则和用户福利；策划直播平台排位赛直播活动；策划直播间引流方案
	撰写直播活动规划脚本；设计直播话术；搭建并设计直播间场景；筹备直播道具等
	调试直播设备和直播软件；保障直播视觉效果；上架商品链接；配合主播发放优惠券

低配版的团队对运营要求比较高，运营必须是全能型人才，懂技术、会策划、能控场、懂商务、会销售、能运营，在直播过程中集运营、策划、场控、助理于一身，能够自如地转换角色，工作要游刃有余。设置一名主播的缺点在于团队无法实现连续直播，而且主播流失、生病等问题出现时会影响直播的正常进行。

2. 标配版团队

标配版团队的核心岗位是主播，其他人员都围绕主播来工作。当然，如果条件允许，还可以为主播配置助理，协助配合主播完成直播间的所有活动，这种团队配置的人数基本为 4~5 人。4 人组成的标配版团队的人员构成及职能分工如表 9-2 所示。

表 9-2　标配版团队人员构成及职能分工

人员构成	职能分工
主播（1人）	熟悉商品脚本；熟悉直播活动脚本；做好商品讲解；控制直播节奏；做好直播复盘
运营（1人）	分解直播营销任务；规划直播商品品类；规划直播商品上架顺序；规划直播商品陈列方式；分析直播数据
策划（1人）	策划直播间优惠活动；设计直播间用户分层规则和用户福利；策划直播平台排位赛直播活动；策划直播间引流方案
	撰写直播活动规划脚本；设计直播话术；搭建并设计直播间场景；筹备直播道具等
场控（1人）	调试直播设备和直播软件；保障直播视觉效果；上架商品链接；配合主播在后台发放优惠券

3. 升级版团队

随着直播业务的不断扩大、资金方面的充余，商家可以适当扩大直播团队的规模，将其改造成升级版团队。升级版团队人员较多，且分工更细化，工作流程也更优化，其人员构成及职能分工如表 9-3 所示。

表 9-3 升级版团队人员的构成及职能分工

人员构成		职能分工
主播团队（3人）	主播	① 开播前熟悉直播流程、商品信息； ② 直播中介绍商品，介绍直播间福利，与用户互动； ③ 直播后做好复盘，总结直播经验
	助播	① 协助主播介绍商品，介绍直播间福利活动； ② 试穿、试用商品； ③ 主播离开时担任临时主播等
	助理	① 准备直播商品、道具等； ② 协助配合主播工作，做主播的模特，完成画外音互动等
策划（1人）		① 规划直播内容，确定直播主题； ② 准备直播商品； ③ 做好直播前的预热宣传； ④ 规划好开播时间段，做好直播间外部导流和内部用户留存等
编导（1人）		① 撰写商品介绍脚本、直播互动脚本、直播间话术脚本、控评话术脚本； ② 设计直播间场景，如直播间背景、直播页面中的贴片等； ③ 设计主播和助播的服饰、妆容、直播中使用的道具等
场控（1人）		① 做好直播设备如手机、摄像头、灯光等相关直播软硬件的调试； ② 负责好直播中控台的后台操作，包括直播推送、商品上架、优惠券发放，以及实时直播数据监测等； ③ 接收并传达指令。例如，若直播运营有需要传达的信息（商品库存数量、哪些地区不能发货等），场控在接到信息后要传达给主播和助播，由他们告诉用户
运营（2人）		① 分解直播营销任务； ② 规划直播商品品类，规划直播商品上架顺序； ③ 规划直播商品陈列方式； ④ 分析直播数据； ⑤ 做好直播推广引流； ⑥ 做好用户分层管理等
店长导购（2人）		主要辅助主播介绍商品，强调商品卖点，同时协助主播与用户互动
拍摄剪辑（1人）		负责制作视频，如直播花絮、主播短视频，以及介绍商品相关信息的视频片段等的拍摄与剪辑，辅助直播工作
客服（2人）		① 配合主播在线与用户进行互动答疑； ② 修改商品价格，上线优惠链接，促进订单转化，解决发货、售后等问题

（四级）任务三　团队考核标准的制定方法

团队考核标准，应该根据团队成员的岗位职责来划分，一个直播团队主要的岗位有如下几类。

助理：承担助播的角色。
场控：承担产品上下架、互动、释放权益。
策划：直播脚本撰写，产品内容策划。
商品开发：佣金管理，产品商务洽谈。
运营：分解直播营销任务，规划商品品类，推广引流，数据的分析、优化与建议。
客服：实时互动，解决发货、售后问题。

直播团队人员的考核主要分为两项：主要考核指标和辅助考核指标。主要考核指标和最终的目标挂钩，辅助考核指标考核过程内容。

1. 主要考核指标

直播的最终目的就两个：业绩和粉丝数量。

2. 辅助指标

通过做哪些内容能达到最终的目的？这些工作内容就是辅助指标。比如，直播时长、文案脚本的数量、粉丝的数量、完播率……

工资组成方式：基本工资+岗位工资+绩效工资+提成+年终奖+分红，这里要和大家强调的一点是，主要考核指标应当根据每季度或者月度的数据表现进行调整，作为直播团队的管理者，一定要有全局意识，因为我们的最终目的就是为了完成年度的整体目标。

> **小贴士**
>
> 《中华人民共和国劳动法》中强调，劳动者享有平等就业和选择职业的权利、取得劳动报酬的权利、休息休假的权利、获得劳动安全卫生保护的权利、接受职业技能培训的权利、享受社会保险和福利的权利、提请劳动争议处理的权利以及法律规定的其他劳动权利。劳动者应当完成劳动任务，提高职业技能，执行劳动安全卫生规程，遵守劳动纪律和职业道德。

（四级）任务四　团队协作沟通技巧

部门与部门之间存在上下游关系的，在实际工作中通常存在一些矛盾；即使平行部门，业务没有太多交叉的或者没有明显利益交集的部门，同样也可能会有些冲突。同一家企业的不同部门，只是工作分工不同，主要的目标还是要一致的，即确保自己部门的工作在企业中发挥应有的作用和效果。

1. 首先要明确部门的职责和作用，树立"全体一盘棋"思想

设立某一部门肯定有其作用，无论业务相关环节的部门，还是职能服务部门，不管是直接创收的部门，还是不直接创收的部门，都是企业发展的需要。在企业大目标的前提下，想要有效协调运作各部门的工作，就必须先将部门的职责明确，并设立好部门开展工作的业务流程，按照规定的制度和流程去办事。

2. 有效的沟通渠道不可少

渠道的作用不仅仅是沟通，更是一个公开透明的管理方式。以月初例会为例，各部门先汇报各自的工作计划，向其他部门提出需要协作的事件，汇报部门将事件添加到部门计划中，

形成最终的月计划，然后再层层分解成周计划、日计划。待月末进行月总结汇报时，对于计划的执行情况一目了然，是否与其他部门协作也一清二楚。部门间扯皮的事几乎不会发生。

3. 部门日常的沟通要常态化

可以通过周例会或者月例会等制度，来对于工作中的问题和现象进行分析和交流。在分清责任的同时，要敢于承担责任，不能"推诿扯皮"，将问题完全归罪于其他部门，尽管日常工作中这样的现象经常出现，但是"揽功诿过"的部门领导终究不能得到大家的信任和认可。因此，部门领导的担当非常重要。

4. 自我定位要清晰

不管领导还是员工，首先要将自我的定位和位置摆明确，对于自身承担的职责和任务要努力去践行。企业多大都是由不同的部门组成，部门重要与否除了企业赋予的使命，更多的还是与作用的发挥、创造的实绩有非常重要的关系。

5. 加强相关培训

在众多发展历史较长的企业中，很多年龄较大的管理者管理方式仍停留在"人管人"的阶段，随着新生代就业大军加入职场，原有管理方式已经不能适应新生代员工性格特点，这也是导致两代员工相互排挤、部门之间相互指责的原因之一。基于此，人力资源部门应积极组织对管理人员管理理念及管理技能的培训，纠正不正确管理方式。

（四级）任务五　团队评价体系的建立方法

一、考核机制的设计

团队评价与绩效考核设计方法主要有以下 3 种。

1. 基于工作任务的设计方法

一个员工的工作任务可以分为三类：第一类是必须要做的任务，第二类是应该做的任务，最后一类是要求做的任务。这三类任务里面，必须做的是职责范围内的任务；应该做的是属于员工能力范围内的任务，可能和本职岗位无关，但能力上可以完成；最后一类是上级主管分配下来的任务。而工作分析法，主要是将第一类任务和一些可衡量的任务设定为绩效考核目标。

2. 结合企业经营目标分解进行设计

这种绩效考核是以企业目标为基础，企业想要达成某种目标，将目标逐层分解到各个部门及每个员工，每个员工完成自己的任务，进而推动公司整个目标的达成。这种绩效考核里面的任务，是每个员工都必须要完成的任务。

3. 按照流程来进行设计

流程是企业必不可少的部分，而这种考核方式是根据员工在流程中所扮演的角色、需要承担的责任以及对上、对下的关系来设计的方法。例如，我们说中层主管，他需要根据高层制定的发展目标提供出具体的方案，然后将方案交给基层员工进行执行，他扮演的是承上启下的角色，考核也就要针对这个角色来进行。

二、绩效考核方法与原则

（一）发挥考核对整个管理系统的信息反馈作用，开展有效的工作分析

明确岗位职责及岗位员工的素质要求，确定哪些是必须完成的绩效要素。考核的全过程中一定要有管理层和员工的密切配合，在合作中解决信息不对称的问题。

（二）建立绩效考核体系

绩效考核体系的构建是项系统工程，包括计划、实施、考核、考核结果的反馈及考核结果的处理和应用。首先，要更新观念，认识到业绩是通过科学的体系管理出来的；其次，要明确绩效管理的目标；最后，要贯彻执行最后总结考核。

（三）设计考核指标体系，选择合适的绩效评价工具

结合企业的个体情况，制定操作性强的定量与定性指标相结合的指标体系。要注意指标过多，计算就会变得复杂，一些重要的指标会被淹没而难于显示其重要影响。每种评价工具都有其优点和不足，虽然绩效考核理论推崇与特定的工作行为联系在一起的绩效考核工具，但企业更愿意接受较为简单的工作绩效考核方法。

（四）完善工作绩效标准，使用明确的绩效要素

完善企业的工作绩效评价系统，把员工能力与成果的定性考察与定量考核结合起来，建立客观而明确的管理标准，定量考核，用数据说话，以理服人。避免使用诸如"忠诚""无私"等抽象的要素名称，除非它们能够用可观察的行为来证实。

（五）减少考核者的主观性，注重绩效考核反馈

选用较为客观的考核者来进行工作绩效考核，是使评价客观化的一个重要组成部分。训练考核者正确地使用考核工具，指导他们在判断时如何使用绩效考核标准，尽量使用一名以上的考核者各自独立完成对同一个对象的绩效考核。

> **小贴士**
>
> 目前，在司法实践中，法院较多倾向于认定直播销售员与直播平台或经纪公司之间签订的是有偿的合同关系而不是劳动关系。
>
> 直播平台和经纪公司应合理设定合同条款，如没有与直播销售员订立劳动合同，应避免在合同中约定直播销售员需遵守公司人事规章制度等人身从属性的条款，明确支付给直播销售员的款项为合同项下的收益分配，而非"工资"。

（五级）任务六　团队文化的建设方法

所谓团队文化，就是每个人都坚守的价值，所有员工都深信接受原则的坚定想法——"我

们就是这样"。团队文化是指长期形成的具有团队个性的信念和行为。其主要内容是价值观、道德规范、团队精神和行为准则。

一、确立团队发展理念

确立团队发展理念的关键是一定要明确、合理，才能入脑入心，不断激励员工团结奋进。

二、建立正向激励机制

正确地运用精神、物质激励，建立有效的正向激励体系是激发员工的力量与才能的最好办法。

三、开展"新三欣会"

"新三欣会"是在传统的"欣赏自己、他人、团队"的基础上增加团体游戏、文艺表演、合唱3个环节。"新三欣会"基本囊括了团队建设中体验式、会议式、社交式3个方法的优点，旨在通过活动在团队成员之间建立良好沟通，并在活动中注入团队文化思想，建立统一团队价值观。

习题

一、选择题

1. 选择直播团队成员一般要遵循以下哪些原则？（　　）
   A. 人数合理　　　　B. 技能互补　　　　C. 目标统一　　　　D. 责任心强
2. 团队文化建设方法主要内容有（　　）。
   A. 行为准则　　　　B. 团队精神　　　　C. 道德规范　　　　D. 价值观
3. 文案人员的主要工作内容有（　　）。
   A. 新媒体渠道的内容策划及写作　　　B. 企业各阶段销售活动的策划及推广
   C. 热点事件的销售跟进　　　　　　　D. 评估工作效果
4. 直播销售经理应具备以下哪些能力？（　　）
   A. 负责团队的管理工作　　　　　　　B. 直播销售计划的制订
   C. 直播销售实施的统筹　　　　　　　D. 直播销售实施效果的分析
5. 凝聚团员的核心要素是（　　）。
   A. 人数合理　　　　B. 技能互补　　　　C. 目标统一　　　　D. 责任心强
6. 策划团队的主要工作内容包括（　　）。
   A. 确定直播主题　　B. 策划直播活动　　C. 规划脚本　　　　D. 直播中的福利

二、简答题

1. 简述低配版团队、标准版团队、高级版团队的不同以及相同之处。
2. 如何提高团队沟通技巧？
3. 对直播团队绩效进行考核的方法有哪些？
4. 团队文化建设方法有哪些？
5. 直播团队人员的主要考核指标是哪些？

项目十

培训与指导

【项目导读】

为了更长远的发展,团队应该招募人才并制定切合实际的培训方案,使团队未来的发展更加稳固。培训计划的编写、培训教学工作的要求和培训体系的建立,都应更注重全面和多层次,以便更高效地培养人才。定期进行专业技能指导、对培训结果进行考评,才能更清楚地掌握团队人员的掌握情况。

本项目将介绍培训讲义和培训计划的编写方法,培训教学工作的要求与技巧,培训效果评估的方法,进而学习专业技能指导的方法。

【项目目标】

1. 能编写培训计划
2. 能编写培训讲义
3. 能指导四级技师及以下级别人员工作
4. 能正确评估培训效果
5. 能讲授专业基础知识和技能要求

(四级)任务一 培训计划的编写方法

好的培训必须要有好的培训计划,培训实施方案是培训计划的主要表现形式。培训计划的编写,主要从以下3个方面着手。

一、培训需求分析

培训需求分析主要包括企业分析、工作分析和个人分析。

团队分析:围绕团队的培训需求进行,保证培训计划符合团队的整体目标与战略要求。

工作分析:团队成员实现理想的工作绩效需要掌握的技能和能力。

个人分析:对团队成员现有的水平与培训后要求的水平进行比较,如果存在的差距是培训能够解决的则实施针对性的培训。

二、培训实施方案的组成

在了解培训需求分析的前提下,要对培训的各构成因素进行深入分析,培训实施方案的组成如图 10-1 所示。

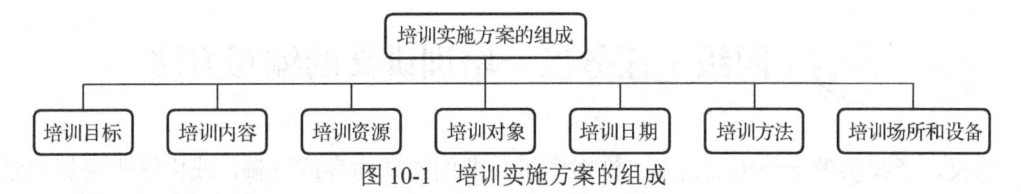

图 10-1 培训实施方案的组成

（一）培训目标的确定

培训目标指培训计划中的培训项目需要达到的培训目的、目标或结果。

（二）培训内容的选择

培训内容主要包括 3 个方面,知识培训、技能培训和素质培训。知识培训是指通过课本或讲座讲解获取专业知识的培训;技能培训是指能提升操作能力的培训;素质培训是指能提升个人逻辑思维。

（三）培训资源

培训资源有软件资源和硬件资源之分,也有内部资源和外部资源之分。外部资源和内部资源各有优缺点,培训管理者应根据培训需求分析和培训内容来确定。

（四）培训对象

培训对象指培训计划中的培训项目是对什么人进行的,他们的学历、经验、技能状况如何。

（五）培训日期

培训日期包括 3 个方面内容:培训计划的执行期或者有效期;培训计划中每一个培训项目的实施时间或者培训时间;培训计划中每一个培训项目的周期或者课时。

（六）培训方法

培训的方法有多种,如讲授法、演示法、案例法、讨论法、视听法、角色扮演法等,各种培训方法都有其自身的优缺点,为了提高培训质量,达到培训目的,往往在培训时可根据培训方式、培训内容、培训目的选择一个或选择多种配合使用。

（七）培训场所和设备

培训场所有会议室、工作现场等。若以技能培训为内容,最适宜的场所为工作现场,培训设备包括教材、摄影机、幻灯机等,不同的培训内容和培训方法最终决定培训场所和设备。

三、培训效果评估与反馈调整

每个培训项目实施后,可对学员进行考核,检验培训是否成功,最直接有效的方式是让学员参与一场直播,通过直播效果来确认培训效果。

(四级)任务二 培训讲义的编写方法

讲义,泛指供教学使用的讲稿。许多学术前辈的授课内容或讲稿,或由学生根据课堂笔录整理出版;或由后人整理成书;或教师自己积累多年,直接以"讲义"之名出版。但是,就讲义的原生态及其与教学的直接关联来说,它就是一种随时更新,可以随着教师的日常阅读和思考不断增加案例和文献引文的授课文案。

除非教师需要与学生一起逐字逐句分析完整的案例文本(片段),否则课堂讲义页面不宜呈现过于完整的信息,而主要应当是表现知识框架和接通更开阔的知识空间的提示性信息。

培训讲义没有固定格式和固定内容。只要根据不同的主题编写内容把事情和道理准确表达出来就行。一般内容如下。

(1)简介课程的目的和内容,即这篇讲义的主题和围绕这个主题所表达的中心思想及相关内容;

(2)针对不同性质的课程或主题展开。通过相关的专业知识、具体事例等丰富讲义内容或通过授课传达制度、规定;

(3)跟一般叙事性讲演稿类似,没有规定模式,只是围绕授课的目的进行阐述。

(四级)任务三 培训教学工作的要求与技巧

一、新员工培训:掌握电商流程

一般来说,电商团队对新员工的培训主要有3个目的:让新员工了解团队的发展历程、业务、未来愿景等;让新员工了解团队文化和理念,感受到电商团队的精神力量,激起新员工斗志;使新员工明确在工作时需要遵守的规则,了解在岗位上顺利开展工作的工作流程,帮助其适应岗位要求。

在对新员工进行培训时,管理者要帮助新员工掌握电商团队运作的流程。这个流程包括两方面:一方面要让新员工了解整个电商团队的运作流程,以便与各部门合作、交流;另一方面要让新员工学习自己所在部门的工作流程,这是其日后可以顺利工作的关键。

二、老员工培训:服务标准化,提升电商形象

相较于新员工,老员工的工作能力更强、业务能力也更加成熟。因此,在培训老员工时,管理者就不能依旧以提高员工的工作能力为出发点。在老员工的培训方面,管理者可以开展

服务培训，形成标准化服务，以提高电商团队的形象。以客服人员为例，管理者可以将以下两点作为服务标准化培训的内容。

1. 回复及时化培训

当对产品产生购买欲望时，顾客会想要马上购买产品，同时，顾客对于产品的关注度和热情会随着时间的推移而逐渐降低。因此，当顾客在购买欲望最强烈时联系客服人员，如果客服人员能够及时回复顾客的问题，消除顾客的疑惑，则极有可能促成顾客下单。相反，如果顾客长时间联系不上客服人员，那么对产品的疑惑就难以消除，在犹豫之中顾客对产品的购买欲望就会随着时间的推移而减少，最终很有可能会放弃购买。此外，客服人员不及时回复，不仅影响产品的销售，还会影响顾客对于电商团队的印象。

因此，管理者有必要对客服人员进行回复及时化培训，以便提升产品销量、提升团队形象。管理者可以从以下两个方面对客服人员进行培训。

① 随时在线，等待顾客询问。客服人员需要做到随时在线，等待顾客询问，并在顾客提出问题后第一时间回复。客服人员悉心服务于顾客，不仅可以促进产品销售，还会提高顾客购物的满意度，提高其对于电商团队的好感。

② 制定统一的回复标准。针对顾客提出的产品细节、价格、店铺活动、发货、物流、售后服务等方面的问题，管理者都需要为客服人员制定统一的回复标准。这样可以提高客服人员的工作效率，还可以提升顾客的购物体验。

2. 服务态度培训

客服人员的服务态度是十分重要的，在客服人员良好服务态度的影响下，即使顾客不是十分满意产品，也可能买下产品。在对同类产品的挑选中，客服人员的服务态度是影响顾客选择的重要因素。

以下案例表明了在产品销售过程中，客服人员的服务态度直接导致出现了不良结果。

顾客："能不能再便宜些？"
客服："亲，小店的图书已经非常优惠啦。"
顾客："哦。"
客服："这套儿童系列图书的纸质好，印刷质量高，这个价位已经很便宜了。"
顾客："我再看看吧。"
客服："马上就是儿童节了，畅销书很可能会断货，所以您赶紧下单吧！"
顾客："哦。"
顾客最后没有下单。

（五级）任务四　培训效果评估方法

一、培训效果评估的一般程序

评估是为了检验培训管理体系的有效性，衡量培训管理工作所取得的成绩，找出培训管理中存在的问题。所以，为确保评估工作的顺利开展和客观公正，还必须规范评估的流程，科学地计算其经济收益，做好评估后的反馈工作。

1. 评估目标确定

主要内容包括确定培训评估是否开展；进行培训评估的可行性分析；确定培训评估的项目；确定培训评估的目标。

2. 评估方案制定

培训评估方案一般包括培训测评的价值分析，培训评估的项目及目的，培训评估的时间、地点和人员，培训评估的方法、标准及步骤，培训评估的分工与合作，培训评估的报告撰写与反馈等。制定培训评估方案时，要征求培训项目实施人员及外部培训专家顾问的意见，确保培训评估方案的科学性和可操作性。

3. 评估方案实施

包括培训信息的收集和整理分析。不同的培训评估信息收集的渠道和收集的方法有所不同。常用的收集方法主要有原始资料收集法、观察活动收集法、访谈活动收集法、调查问卷收集法。由于培训评估需要的信息来自不同的渠道，信息的形式也各不相同。因此，有必要对收集到的信息进行分类，并根据不同的培训评估内容的需要进行信息归档，通过表格及图表将信息所表现的趋势和分布状况予以处理。

4. 评估工作总结

对培训效果评估工作的整体进展情况进行总结和评价，指出评估方案实施过程中的收获和不足，为下一次开展评估活动提出建议。对培训项目的实施效果撰写培训评估报告。撰写培训评估报告是整个评估的最后工作环节，同时也是影响评估结果的重要一环。因此，撰写评估报告时要在充分的信息收集的基础上，征求多方面的意见和观点，提高培训结果测评的价值。

在制订培训计划时，应该对本次培训实施中所采用的评估手段进行挑选，包括如何考核培训的成败，如何进行中间效果的评估，如何评估培训结束时受训者的学习效果，如何考察在工作中的运用情况等。需要注意的是，应选择合适的方法并且实施培训效果评估。一般评估方法如下。

① 观察法，一般由培训管理者担任观察者，按照事先拟定的提纲对观察对象实施观察。

② 问卷调查法，是评估中最常用到的方法。问卷设计要根据使用的范围和时机加以调整，最好是开放式问题和封闭式问题相结合。

③ 测试法，主要用于对知识性和技能型内容的测试。

④ 情境模拟测试，包括角色扮演和公文筐测试等多种方法，通过在最接近实际工作环境的情境下进行测试而了解受训者的真实水平。

⑤ 绩效考核法。收集受训者的绩效资料，对其在受训前后的一段时间内绩效的变化进行考察。

⑥ 360 度考核。通过被考核人的上级、同级、下级和服务的顾客对他进行评价，从而使被考核人知晓各方面的意见，清楚自己的所长所短，以达到提高自身能力的目的。

⑦ 前后对照法。选取两个条件相似小组，在培训前，对两个小组进行测验，分别得到两组成绩。对其中一个小组施加培训，另一个小组不进行培训，在培训结束后，再对两个小组进行测验，比较每个小组的测验成绩，分析培训是否对小组成绩起促进作用。

⑧ 时间序列法。在培训后定期做几次测量，通过数据对比分析以准确分析培训效果的转移程度。

⑨ 收益评价法。从经济角度综合评价培训项目的好坏，计算出培训为企业带来的经济收益。

二、培训有效性评估的技术

柯氏四级培训评估模式是目前国内外运用得最为广泛的培训评估方法，柯氏四级培训评估模式将评估活动分为 4 个级别，对培训效果进行评估。从评估的深度和难度将培训效果分为 4 个递进的层次：反应层面、学习层面、行为层面、结果层面，如表 10-1 所示。

表 10-1　柯氏四级培训评估模式

层　面	标　准	重　点	问　题
第一层面	反应	受训者满意程度	受训者喜欢该项目吗？课程有用吗？他们有些什么建议
第二层面	学习	知识、技能、态度、行为方式方面的收获	受训者培训前后，在知识以及技能的掌握方面有多大程度的提高
第三层面	行为	工作中行为的改进	培训后受训者的行为有无不同？他们在工作中是否使用了在培训中学习到的知识
第四层面	结果	被培训者获得的经营业绩	组织是否因为培训经营得更好了

（一）柯氏四级培训评估模式

1. 一级评估：反应评估

所谓反应评估，是指评估学员对课程的满意程度。通常邀请学员填写课后问卷以了解学员对课程的满意度，包括①对培训者的满意度；②对培训过程的满意度；③对测试过程的满意度；④培训项目的效用；⑤对课程材料的满意度；⑥对课程结构的满意度。

2. 二级评估：学习评估

学习评估反映受训者对培训内容的掌握程度。它主要测定学员对培训的知识、态度与技能方面的了解与吸收程度。

① 书面测验。用来了解学员对专业知识的理解程度。

② 模拟情境。在课后设计一些工作中的模拟情境，以观察学员是否能正确应用所学的相关知识与技巧。

③ 操作测验。例如，电脑操作训练应设计实操题，以便评估学员是否已会操作使用。

④ 学前、学后比较。在课前先自我测试对于授课内容的了解程度，然后在上完课后再做一次测试，评估内容包括培训课程中所涉及的知识、技能和态度。

3. 三级评估：行为评估

反映受训者将培训所学运用到工作中并改变工作行为的程度，是学习在工作中的再转化。行为指标水平可以由内部人员测定，也可由外部人员测定，评估时间通常在培训结束后 3 个月内进行。

评估内容包括测评其工作行为是否因培训而有所改变。评估方法主要有问卷调查法（主要通过同事、上下级来收集数据）、面谈法、观察法（一般技术操作类培训可以采用这种方式）、行动计划法（这是在培训追踪中较多使用的一种方法，要求学员列出培训后需改进的地方并形成计划，定期按计划保持追踪）。

4. 四级评估：结果评估

结果评估主要是测定学员对组织经营成果有何直接且正面具体的贡献，并且还要确定这些变化是否是培训的效果。例如，产量增加、效率的改进、不良率的减少、成本费用的减少、抱怨的减少、意外事故的降低及离职率的降低等。

（五级）任务五　专业技能指导方法

一、技术人员培训常用方法

（一）普通授课

由技术专家或经验丰富的技术员讲解相关知识。应用广泛，费用低，能增加受训人员的实用知识。单向沟通，受训人员参加讨论的机会较少。适用范围为企业及产品知识、技术原理、心态及职业素养培训。

（二）工作指导

由人力资源部经理指定指导专员对受训人员进行一对一指导。受训人员在工作过程中学习技术、运用技术。适用范围为操作流程、专业技术技能培训。

（三）安全研讨

由直播安全、信息安全管理者主持，受训人员参与讨论。双向沟通，有利于掌握"安全"的重要性和相关规定。适用范围为安全生产、操作标准培训。

（四）录像、多媒体教学

将生产过程录下来，供受训人员学习和研究。间接的现场式教学，节省了指导专员的时间。适用范围为操作标准及工艺流程培训。

二、专业技能考评方法

（一）问卷法

通过文字和图标所组成的试卷直接对鉴定对象的知识能力进行考评的方式。

（二）操演法

在现场通过实际或模拟制作对鉴定对象技能能力进行考评的方式。

（三）口试法

通过考、评双方直接对话对鉴定对象的知识和技能能力进行考评的方式。

（四）阅卷法

通过文字论文形式间接地对鉴定对象应用和解决问题能力进行考评的方式。

习题

一、选择题

1. 培训需求分析主要包括（　　）。
   A. 企业分析　　　B. 工作分析　　　C. 个人分析　　　D. 团队分析
2. 培训指导规范手册编写正文中必不可少的三项是（　　）。
   A. 主要目标　　　B. 指导方针　　　C. 政策措施　　　D. 实施步骤
3. 下列哪项技术人员培训方法适用于为安全生产、操作标准培训？（　　）
   A. 普通授课　　　　　　　　　　　B. 安全研讨
   C. 工作指导　　　　　　　　　　　D. 录像、多媒体教学
4. 以下说法正确的是（　　）。
   A. 课堂讲义页面不宜呈现过于完整的信息，而主要应当是表现知识框架和接通更开阔的知识空间的提示性信息
   B. 课堂讲义页面应当呈现完整信息，让学生明白老师所讲内容
   C. 课堂讲义页面不宜呈现过于完整的信息，而是应该让学生自主查询
   D. 课堂讲义页面应当呈现完整信息，而不应当是表现知识框架和接通更开阔的知识空间的提示性信息
5. 培训内容主要包括哪些方面（　　）。
   A. 知识培训　　　B. 技能培训　　　C. 话术培训　　　D. 素质培训

二、简答题

1. 为什么要对员工进行回复及时化培训？
2. 简述柯氏四级培训评估模式所包含的内容。
3. 培训实施方案的组成有哪些？
4. 简述专业技能考核的4种方法。